THÉORIE-PRATIQUE
DU
DANSEUR DE SOCIÉTÉ,

COMPRENANT

Les Plans descriptifs de la Contredanse
et de la Valse,

PAR BRUNET.

PARIS,
CHAUMEROT, LIBRAIRE, PALAIS-ROYAL.
GALERIE D'ORLÉANS, 4.
ET CHEZ L'AUTEUR, RUE CLERY, 82.

1859

THÉORIE-PRATIQUE

DU

DANSEUR DE SOCIÉTÉ.

> On doit toujours savoir gré à un auteur, quand même il ne réussirait pas parfaitement, d'avoir proposé au public le résultat de ses pensées; ce n'est que par ce moyen que les arts et les sciences se perfectionnent.
> (ROLLIN, *Traité de l'éducation des enfants.*)

IMPRIMERIE DE M⁽ᵐᵉ⁾ PORTHMANN,
RUE DU HASARD-RICHELIEU, 8.

THÉORIE-PRATIQUE

DU

DANSEUR DE SOCIÉTÉ,

OU

L'Art d'apprendre sans Maître

LES FIGURES

DE

La Contredanse Française,

ET

LA VALSE,

OUVRAGE ORNÉ DE PLANS DESCRIPTIFS ET D'UN GRAND NOMBRE DE GRAVURES
INDIQUANT LES ROUTES DIVERSES ET LES DIFFÉRENTES PLACES QUE LE
CAVALIER ET LA DAME OCCUPENT SUCCESSIVEMENT DANS LE
COURANT DE LA CONTREDANSE.

PAR BRUNET,

PROFESSEUR.

PARIS,

CHAUMEROT, Libraire, Galerie d'Orléans, 4 (Palais-Royal),
ET CHEZ L'AUTEUR, RUE DE CLÉRY, 82.

1839

ERRATA.

Page 25, après ces mots : *pointe du pied*, *ajoutez* : (*voyez* première planche, n° 7).
— 27, après ces mots : *les talons*, *ajoutez* : (*voyez* première planche, n° 8).
— 29, *ajoutez* à la note : (*voyez* première planche, n° 9).
— 64, exemple n° 1, *lisez* : et pour le traversé de l'Eté (cavalier ou dame).
— 65, à la note, *lisez* : (*voyez* page 94 *au lieu de* 92).
— 71, à la note, *commencez par lire* : à chaque figure, ces numéros, etc.
— 73, à la première note, *lisez* : (*voyez* page 57, exemple n° 1, pour le cavalier, et page 58, exemple n° 2, pour la dame).
— 94, article n° 3, après ces mots : passant entre les deux dames, *ajoutez* : (*voyez* page 64, exemple n° 1.)
Même page, article n° 4, après ces mots : pour regagner aussi sa place, *ajoutez* : (*voyez* page 64, exemple n° 2).

Tous les exemplaires non revêtus de ma signature seront réputés contrefaits et poursuivis comme tels selon toute la rigueur des lois.

TABLE

DES MATIÈRES CONTENUES DANS CE VOLUME.

	Pages.
Introduction ou considérations générales sur la danse de société.	9
Avant-propos.	12
Positions de la danse et exercice des pliés.	14
Première position.	15
Deuxième position.	16
Troisième position.	17
Quatrième position.	ibid.
Cinquième position.	18
Remarque sur les positions.	19
Résumé des positions en avant.	20
Résumé des positions en arrière.	21
Remarque générale sur les positions et sur les pliés.	22
Exercice des grands battements.	23
Exercice des petits battements.	25
Exercice des changements de jambe.	26
Exemple pour les changements de jambe.	28
Exercice des assemblés.	29
Exemple des assemblés.	30
Des temps de la danse concordant avec la mesure de la musique.	31
Exercice des ronds de jambe.	32

	Pages.
Exemple pour les ronds de jambe.	35
Exercice des temps de Sissone.	36
Exemple pour les temps de Sissone.	38
Exercice du temps de Zéphir.	39
Exemple pour les temps de Zéphir.	40
Première leçon au violon.	41
Exercice des jetés en avant.	42
Exercice des jetés en arrière.	43
Exemple pour les jetés en avant et pour les jetés en arrière.	44
Exercice des chassés.	45
Exemple pour les chassés en avant et pour les chassés en arrière.	47
Instruction particulière pour la formation des quadrilles et l'exécution de la contre-danse.	48

Pas divers pour apprendre à former les figures.

Exemple pour le pas du traversé et pour le retour dans la chaîne anglaise (cavalier).	55
Exemple pour le pas du traversé et pour le retour dans la chaîne anglaise (dame).	56
Exemple pour le pas du tour de main dans la chaîne anglaise (cavalier).	57
Exemple pour le pas du tour de la chaîne des dames dans la chaîne anglaise (cavalier).	ibid.
Exemple pour le tour de main qui termine toute figure (dame).	58
Exemple pour le tour de main qui termine toute figure (cavalier).	ibid.
Exemple pour le pas du traversé et pour le retour de la chaîne des dames dans la chaîne anglaise (dame).	59
Exemple pour le pas en avant (cavalier ou dame).	60
Exemple pour le pas en arrière (cavalier ou dame).	ibid.
Exemple pour le pas du chassé à droite (cavalier ou dame).	ibid.
Exemple pour le pas du chassé à gauche (cavalier ou dame).	61
Exemple pour le pas en avant et en arrière en tournant (cavalier ou dame).	ibid.
Exemple pour le pas du traversé et pour retraverser dans la poule (cavalier).	62
Exemple pour le pas du traversé et pour retraverser dans la poule (dame).	ibid.
Exemple pour le traversé dans la pastourelle (dame).	63

	Pages.
Exemple pour le pas du demi-rond dans la pastourelle (dame).	ibid.
Exemple pour le pas du traversé et pour retraverser dans la trénis (cavalier).	64
Exemple du pas pour le passage de la dame d'honneur dans la trénis.	65
Exemple du pas pour le passage de la dame qui accompagne dans la trénis.	66
Remarque sur les différents pas de la danse.	67

Plans et descriptions des Figures.

Plan de la CHAÎNE ANGLAISE, première figure.	71
Nomenclature de ladite figure.	ibid.
Description de ladite figure.	72
Plan de l'ETÉ, deuxième figure.	77
Nomenclature de ladite figure.	ibid.
Description de ladite figure.	78
Plan de la POULE, troisième figure.	81
Nomenclature de ladite figure.	ibid.
Description de ladite figure.	82
Plan de la PASTOURELLE, quatrième figure.	87
Nomenclature de ladite figure.	ibid.
Description de ladite figure.	88
Plan de la TRÉNIS, quatrième figure (*bis*).	93
Nomenclature de ladite figure.	ibid.
Description de ladite figure.	94
Plan de la GALOPADE, cinquième figure et finale.	97
Nomenclature de ladite figure.	ibid.
Description de ladite figure.	ibid.

Plans et descripition de la Valse.

Premier plan de la Valse.	103
Description du premier plan de la Valse.	ibid.
Deuxième plan de la Valse.	107
Description du deuxième plan de la Valse.	ibid.
Troisième plan de la Valse.	111
Description du troisième plan de la Valse.	ibid.

Gravures.

Ire Planche.		Positions et exercices.
IIe	—	Formation d'un quadrille de contredanse.
IIIe	—	Départ de la chaîne anglaise.
IVe	—	Position du balancé.
V^e	—	La Chaîne des dames.
VIe	—	La Demi-Promenade.
VIIe	—	En Avant-Deux.
VIIIe	—	Autre position dans l'Avant-Deux.
IXe	—	Le traversé dans la Poule.
X^e	—	Autre position dans la Poule.
XIe	—	Le Balancé dans la Poule.
XIIe	—	Position dans la Pastourelle.
XIIIe	—	Autre position dans la Pastourelle.
XIVe	—	Position dans la Trénis.
XVe	—	Autre position dans la Trénis.
XVIe	—	Position dans le Galop.
XVIIe	—	Position des valseurs.

FIN DE LA TABLE DES MATIÈRES.

Introduction.

CONSIDÉRATIONS GÉNÉRALES
SUR
LA DANSE DE SOCIÉTÉ.

Chaque époque a ses coutumes et ses exigences, et il faut se garder de confondre les différentes habitudes qu'elles ont consacrées: il faut être de son siècle jusque dans les plus petites choses. Celui, par exemple, qui apporterait aujourd'hui, dans la manière de danser, les mêmes prétentions et le même raffinement qu'autrefois, serait bien plus ridicule qu'admirable, et cela parce que la danse a changé de caractère, elle a cessé d'être un art exceptionnel et difficile pour devenir une distraction générale et à la portée de tous. Désormais la danse a revêtu, si l'on peut dire ainsi, une allure vraiment sociale, en ce sens qu'elle s'adresse indistinctement à toutes les classes de la société. Non seulement il n'est plus besoin, à l'heure qu'il est, pour figurer convenablement dans un bal, d'une gesticulation savante et recherchée, de poses ambitieuses et d'attitudes théâtrales (*), mais tous les efforts qu'on se donnerait en dansant pour attirer sur soi l'admiration et l'éloge seraient du plus mauvais goût. Toute la différence entre la danse du passé et la danse de nos jours, c'est que la première était un spectacle, et que la seconde est un plaisir; quand tout le monde devient acteur, les spectateurs manquent, et la comédie en est beaucoup plus naturelle: c'est l'histoire de la danse, sa simplicité résulte de son extension; on voit l'ensemble sans prendre garde au détail, le quadrille a tué le menuet !

Notre but en donnant cet ouvrage a été précisément de réduire la danse de société à sa plus véritable expression, en la soumettant à des règles simples, faciles et invariables. Ce qui nous a paru surtout nécessaire dans la danse actuelle, c'est l'ordre, la décence et l'harmonie, résultats qui ne peuvent être obtenus qu'au

---

(*) Il existe plusieurs danses où l'on peut imiter les poses théâtrales, comme dans la *Gavotte*, dans l'*Allemande à trois*, etc.; mais pour les exécuter avec succès, il faut un travail assidu sur les principes de la danse.

moyen d'une théorie simple et lumineuse, dont nous présentons en ce moment au public le développement et la démonstration.

La lucidité et la précision de nos plans-exemples sont telles que toute personne de bonne volonté, quels que soient d'ailleurs son âge et ses dispositions, y apprendra sans peine à figurer convenablement dans un bal (*).

(*) On raconte que des amis du célèbre Young (l'auteur des *Nuits*), entrant un jour dans sa chambre, comme il venait de prendre sa leçon de danse, le trouvèrent occupé à tracer sur le plancher, avec une règle et un compas, les routes diverses que parcourt le danseur.

Ce besoin d'une méthode facile a toujours été senti par un grand nombre de professeurs; mais jusqu'à présent aucun d'eux n'a su la mettre à exécution.

Avant-Propos.

> Si j'avais à former une école de danse, je composerais une espèce d'alphabet de lignes directes horizontales obliques..... ces lignes et figures, dessinées sur une grande échelle par les écoliers, seraient de suite comprises par eux sans que le maître eût besoin pour chacun d'une fastidieuse démonstration.
> (BLASIS, *Manuel de la danse*).

De toutes les méthodes de danse qui ont paru jusqu'à ce jour, aucune n'a été assez simple et précise pour être à la portée des élèves; tout ce qui est écrit sur ce sujet est insuffisant pour indiquer, au moyen de la parole, le chemin que le danseur doit parcourir en exécutant les figures par des enchaînements de pas de danse (*).

(*) On a composé, pour la danse théâtrale, des signes particuliers, qu'on nomme

Après avoir constaté l'imperfection qui existe dans l'instruction des élèves et après plusieurs essais de notre ouvrage qui ont été accueillis favorablement par des amateurs distingués, nous n'avons pas hésité un seul instant à publier le résultat de nos études et de nos observations, dans l'intérêt général des personnes qui désirent jouir des agréments de la danse de société.

Nous leur offrons l'avantage réel de pouvoir s'instruire elles-mêmes par le secours d'un plan descriptif pour chaque figure, et les gravures indiquant les différentes places qu'un danseur occupe successivement dans le courant des figures de la contredanse.

---

chorégraphie, afin que chaque danseur puisse connaître la route qu'il a à parcourir pendant l'exécution d'un ballet, mais on n'a encore rien fait en ce genre qui puisse être adapté aux figures de la contredanse.

POSITIONS DE LA DANSE

ET

EXERCICE DES PLIÉS.

Les positions de la danse se composent des différentes manières de placer les pieds.

On compte cinq positions du pied droit, et cinq positions du pied gauche.

Première Leçon.

Le maître (*) devra tenir l'élève par les deux mains, ou plutôt le placer de manière qu'il se tienne lui-même d'une main à un point d'appui quelconque, car le maître, se tenant à une certaine distance de l'élève, l'examinera plus avantageusement pendant le cours de ses premiers exercices.

(*) Ou tout autre personne capable de guider un élève, en comparant toujours l'exécution à notre ouvrage, qui d'ailleurs, pour tout autre cas, permet à l'élève, ainsi que nous l'avons dit, d'atteindre au but par ses propres efforts.

PREMIÈRE POSITION.

Placer les pieds de manière que les pointes et les talons soient sur une même ligne, et, dans cette position, tenir le corps droit sans raideur, la tête bien dégagée des épaules; se plier lentement des deux jambes à-la-fois jusqu'à ce que les genoux soient le plus bas possible (*), et, dans la direction des pointes des pieds, se relever également lentement, et puis à chaque fois, étant redressé, avoir les jambes closes autant que la conformation de l'élève le permettra.

Exemple de la première position (**). . . . .

(*) Pour les exercices seulement, car, dans l'exécution des pas, un plié forcé nuirait à la cadence de la mesure.

(**) *Voyez* première planche, N° 1.

DEUXIÈME POSITION.

Glisser le pied droit sur la ligne du pied gauche, ayant la pointe baissée, toujours tournée en dehors et éloignée d'environ une fois et demie la longueur du pied de l'élève; plier les deux jambes ensemble (*) et plusieurs fois, en tenant constamment le corps à son centre de gravité, et conservant de la fermeté dans les reins, ayant la tête haute, et les épaules légèrement en arrière et également tombantes.

Exemple de la deuxième position (**). . . . . (***)

(*) Les pliés de la deuxième position s'exercent aussi en pliant sur une seule jambe, et alternativement pendant que l'autre se tient tendue, et en rapprochant à chaque plié le pied à la première position. Cette manière est préférable pour les jeunes personnes qui ne doivent plier les deux jambes à-la-fois que dans cet exercice seulement.

(**) *Voyez* première planche, N° 2.

(***) A chaque position, la place du pied marqué en blanc indique celle qu'il occupait à la position précédente.

TROISIÈME POSITION.

Rapporter le pied droit de manière que le talon se trouve en face de la boucle du soulier du pied gauche, afin qu'étant à demi-croisés les deux pieds soient tournés en dehors ; en pliant dans cette position, comme pour toutes les autres, il faut avoir soin autant que possible de tenir les pieds à plate-terre.

Exemple de la troisième position (*). . . . . .

QUATRIÈME POSITION.

Glisser le pied droit sur la pointe et directement en avant, en prenant autant de distance que pour la deuxième position à droite

---

(*) *Voyez* première planche, N° 3.

et en maintenant les pieds toujours en dehors, plier de manière que les genoux inclinent du côté de la pointe des pieds en partageant également le poids du corps sur les deux jambes.

Exemple de la quatrième position (*).. . . . . .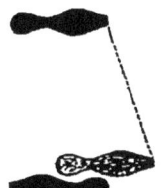

CINQUIÈME POSITION.

Rapporter le pied droit devant le pied gauche, les pointes toujours tournées en dehors, exactement croisées l'une devant l'autre, de manière qu'elles soient vis-à-vis les talons;

(*) *Voyez* première planche, N° 4.

s'exercer à plier plusieurs fois dans cette position, et s'efforcer en pliant de ne lever les talons que le moins possible.

Exemple de la cinquième position (*). . . . . .

REMARQUE
SUR LES POSITIONS.

Il est bien d'observer que le pied gauche n'ayant pas été dérangé pour exécuter les cinq positions du pied droit en avant, l'élève devra étudier les mêmes positions du pied gauche en arrière comparativement aux positions du pied droit en avant, et s'exercer également à plusieurs pliés sur chacune des positions.

(*) *Voyez* première planche, N° 5.

— 20 —

RÉSUMÉ
DES CINQ POSITIONS
DU PIED DROIT EN AVANT

Première. . . . . .
Deuxième. . . . . .
Troisième. . . . . .
Quatrième. . . . . .
Cinquième. . . . . .

RÉSUMÉ
DES CINQ POSITIONS
DU PIED GAUCHE EN ARRIÈRE.

Première. . . . .

Deuxième. . . . . . .

Troisième. . . . . . .

Quatrième. . . . . .

Cinquième. . . . . . .

Remarque générale

SUR

LES POSITIONS ET SUR LES PLIÉS.

Nous avons fait remarquer plus haut que les positions s'exerçaient indifféremment à chaque jambe, en avant comme en arrière; c'est-à-dire soit qu'on marche de la jambe droite en avant ou en arrière, ou de la jambe gauche en arrière ou en avant on est toujours à la quatrième position.

Ceci s'applique indistinctement aux positions à terre comme aux positions en l'air; car en levant la jambe droite directement en avant, le jarret tendu, la pointe du pied basse et à la hauteur des genoux, on est à la quatrième position en l'air et en avant, et en décrivant horizontalement un demi cercle de gauche à droite avec le pied droit, on se trouve également à la quatrième position en l'air, mais en arrière; au reste, nous reviendrons sur cet exercice dans un des articles suivants.

Les pliés étant spécialement consacrés à donner du délié, de la souplesse aux jarrets et de l'élasticité dans l'articulation des genoux et des coudes-pieds, c'est donc aux élèves à répéter fréquemment les premiers exercices et à y persévérer jusqu'à ce qu'ils obtiennent de l'aisance et du moelleux dans tous leurs mouvements, et enfin l'agilité nécessaire pour bien marcher comme pour bien danser.

EXERCICE

DES GRANDS BATTEMENTS

Pour obtenir de la facilité dans les développements.

Pour exécuter les grands battements il faut d'abord que la main gauche soit sur un appui, avoir les pieds placés à la troisième position, et maintenir les épaules un peu en arrrière; la poitrine doit être saillante, le bras droit déployé, la main à la hauteur du dessus de la tête, l'avant-bras arrondi et les doigts presque réunis aux extrémités (*). C'est alors qu'il faut lever lestement la jambe droite, le jarret tendu, la pointe du pied basse tournée en dehors, et à la hauteur de la hanche (**), dans la direction du bras droit, en tenant la tête haute, légèrement tournée vers la droite; ensuite rapporter le pied droit en troisième position en arrière, le relever aussitôt pour le replacer devant, et continuer alternativement de la troisième position en avant à la troisième position en arrière, et *vice versâ*, en ayant soin à chaque battement de lever toujours le pied à la hauteur de la hanche et d'éviter de plier sur la jambe gauche pendant que la droite exerce. Après avoir fait environ une vingtaine de grands battements de la jambe droite, on se retourne pour se tenir de la main droite, et lever le bras gauche afin d'exercer les grands battements de la jambe gauche, de la même manière que de la jambe droite.

Les grands battements se font également de la même jambe, en avant comme en arrière.

(*) *Voyez* première planche, n° 6.

(**) Les jeunes personnes ne doivent lever la jambe qu'à la hauteur des genoux: ayant naturellement beaucoup de souplesse dans leurs mouvements, il serait superflu qu'elles missent autant de force dans leurs exercices que les cavaliers.

DES

PETITS BATTEMENTS,

EXERCICE INDISPENSABLE AU PERFECTIONNEMENT DE LA DANSE.

Il faut, pour exécuter les petits battements, se placer comme pour les grands, mais ne lever la jambe qu'à la hauteur des genoux et en ayant le bras droit à sa position naturelle, en rapportant le pied la pointe baissée au défaut du mollet et sur le coude-pied alternativement, en maintenant rigoureusement le genou en dehors et en ne faisant mouvoir la jambe que du genou à la pointe du pied.

Après s'être exercé assez longtemps de la même jambe, on se retourne comme aux grands battements, afin d'acquérir autant d'agilité d'une jambe que de l'autre.

Les petits battements se commencent très-lentement et en redoublant de vitesse, ils se multiplient à l'infini en éloignant le pied de moins en moins de la jambe qui est à terre.

Cet exercice a le double avantage de donner une démarche légère et une très-grande facilité dans tous les mouvements de la danse.

EXERCICE
DES CHANGEMENTS DE JAMBE
ou
PREMIER SAUT EN L'AIR.

Pour exécuter les changements de jambe, il faut premièrement se tenir des deux mains à un appui, ou être maintenu par le maître, avoir les pieds en troisième position, plier les deux jambes ensemble et s'élever perpendiculairement des deux pieds à la fois à six centimètres environ du sol en les changeant en l'air, de manière qu'après avoir sauté, les pieds se trouvent l'un à la place de l'autre, en évitant en sautant de faire entendre tomber les talons, et plier immédiatement pour exécuter un second changement de jambe en sautant comme pour le premier, afin que les pieds reprennent leur place primitive.

C'est ainsi qu'en pliant avec souplesse et régularité, on peut exécuter de suite et sans changer de place, huit changements de jambe qui forment huit temps ou quatre mesures, dont nous donnerons une explication plus détaillée dans un des articles suivants.

Aussitôt que l'élève aura acquis l'équilibre nécessaire pour pouvoir exécuter les changements de jambe sans avoir besoin d'appui, il les exécutera par huit en avançant comme en reculant, et seulement de l'épaisseur d'un pied à chaque changement, en comptant toujours intégralement tous les temps depuis *un* jusqu'à *huit*.

Cette manière de faire les changements de jambe en avançant et en reculant est un exercice préparatoire aux assemblés, dont nous parlerons dans l'article suivant.

EXEMPLE

DES

CHANGEMENTS DE JAMBE.

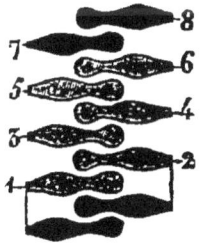 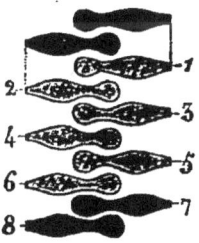

Changements de jambe en avançant.   Changements de jambe en reculant.

EXERCICE DES ASSEMBLÉS.

Les assemblés, qui dérivent des changements de jambe, s'exercent de la manière suivante : se placer en troisième position et développer la jambe gauche à la deuxième position en l'air (*), pendant que la droite ploie et saute pour faciliter le développement de la jambe gauche qui vient assembler en avant à la troisième position et en s'élevant perpendiculairement, comme pour les changements de jambe, afin de retomber les deux pieds à-la-fois. Développer ensuite la jambe droite pour assembler en avant pendant que la gauche ploie et saute à son tour; continuer alternativement de chaque jambe jusqu'au huitième temps en les comptant toujours intégralement depuis *un* jusqu'à *huit* et en mettant exactement le même intervalle d'un assemblé à un autre, avancer à chaque fois seulement de la largeur du pied, et ensuite regagner la place que l'on vient de quitter en exécutant huit temps d'assemblés en arrière, en commençant de la jambe droite pour finir de la jambe gauche.

(*) Dans les exercices, en sautant, les deuxième et quatrième positions en l'air doivent se marquer très-bas, afin d'exciter la jambe qui reste à terre à bien plier, et pour que le mouvement qui consiste à faire passer l'axe du corps d'une jambe à l'autre puisse s'opérer gracieusement et sans secousse.

EXEMPLE
DES ASSEMBLÉS.

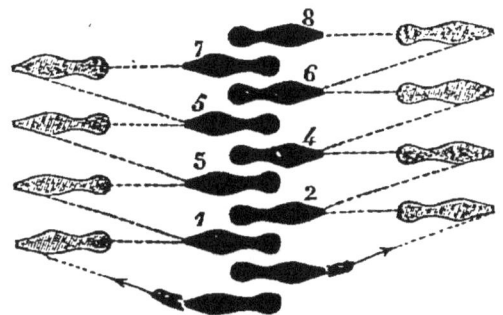

Assemblés en avant.

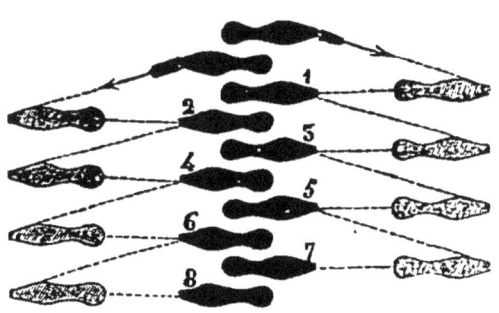

Assemblés en arrière.

DES
TEMPS DE LA DANSE

Concordant avec la mesure de la musique.

La musique et la danse sont tellement liées ensemble et ont une si grande affinité, qu'un élève qui veut s'initier dans l'un de ces deux arts, devrait avoir nécessairement acquis des notions plus ou moins étendues sur l'autre.

C'est pour cette raison que l'élève devra le plus tôt possible être instruit de cette concordance et de cette réciprocité.

C'est alors que le maître devra lui faire remarquer que la musique de la contredanse est généralement composée de deux temps par mesure, dont le premier temps de la mesure se marque en frappant, et le deuxième en levant, lesquels, en se succédant de deux en deux jusqu'au nombre de huit, forment une phrase de musique qu'on appelle rhythme, et qui, en se répétant de quatre en quatre mesures ou de huit en huit, constituent un air entier de l'une des figures de la contredanse, et qui, selon le rang qu'elle occupe dans le quadrille, est toujours composée de vingt-quatre ou de trente-deux mesures.

EXERCICE

DES

RONDS DE JAMBE.

Pour exercer les ronds de jambes il faut se placer comme pour les exercices précédents; puis lever la jambe droite en avant, le jarret tendu, la pointe du pied basse et à la hauteur des genoux; ensuite, décrivant horizontalement avec le pied un rond de gauche à droite, on le rapporte la pointe baissée sur le coude-pied gauche, en ayant soin de ne pas plier sur la jambe gauche pendant que la droite est en action.

Après avoir exécuté plusieurs ronds de jambe en avant, on les exécute également de la même jambe en arrière, en rapportant à chaque rond le pied droit derrière au défaut du mollet; après en avoir exécuté un grand nombre de la même jambe, on se retourne pour les exercer pareillement en avant et en arrière de l'autre jambe.

On les exerce aussi de la même jambe devant et derrière, alternativement, c'est-à-dire qu'au premier rond en avant on passe de suite le pied en arrière, et qu'après avoir formé le rond en arrière on revient immédiatement en avant, de telle sorte qu'après avoir exercé un rond en avant et un rond en arrière, on ait formé à-peu-près la figure d'un grand 8.

Aussitôt que l'élève se sera assuré de sa facilité d'agir de la jambe droite, il devra exercer également la jambe gauche, afin d'avoir la même agilité d'une jambe que de l'autre.

Il faut faire un très-grand nombre de ronds de jambe sur place que nous appellerons de pied ferme, en raison de la fermeté dans laquelle il faut maintenir la jambe qui est à terre; le résultat de cet exercice est d'habituer l'élève à exécuter librement les mouvemements de jambe sans que le corps en éprouve de fortes vacillations.

On s'exercera aussi à plier très-bas sur une jambe, pendant que l'autre forme le rond en passant la pointe du pied à rez terre et en se redressant à chaque fois que le pied de la jambe qui a fait le rond vient se fixer devant ou derrière, puis, après s'être bien assuré qu'on peut agir avec la souplesse nécessaire, on s'exercera à sauter deux fois de suite sur la même jambe pendant que l'autre exécute un rond en avant et un rond en arrière.

Pour exécuter les ronds de jambes avec succès, il faut les commencer très lentement; leur vitesse ordinaire est d'un temps pour un rond ou deux ronds par mesure.

Cet exercice est, en quelque sorte, et pour nous exprimer ainsi, la clef du danseur, car il lui donne toute l'élégance nécessaire à l'exécution des pas ; c'est en persévérant dans cette étude qu'on obtiendra facilement cette aisance agréable que l'on admire dans un danseur habile.

EXEMPLE
DES RONDS DE JAMBE.

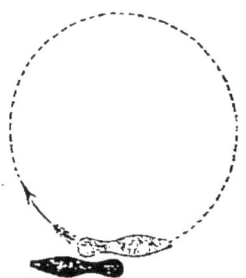 

Rond de la jambe droite en avant. | Rond de la jambe droite en arrière.

Rond de la jambe gauche en avant. | Rond de la jambe gauche en arrière.

Exercice

DU TEMPS DE SISSONE.

Le temps de Sissone ne s'emploie guère que pour le balancer sur place; il se fait de chaque jambe, en avant comme en arrière, et toujours en deux temps sur chaque jambe.

PREMIER TEMPS. — Plier des deux jambes ensemble, en sautant ensuite sur la jambe droite pendant que la gauche se relève derrière le pied au défaut du mollet et la pointe baissée.

DEUXIÈME TEMPS. — Recommencer de plier et sauter sur la jambe droite pendant que la gauche se déploie pour assembler en avant.

TROISIÈME TEMPS. — Plier de nouveau sur les deux jambes en sautant, cette fois, sur la gauche pendant que la droite se relève à son tour, et avoir aussi le pied au défaut du mollet et la pointe baissée.

QUATRIÈME TEMPS. — Recommencer à plier et sauter sur la jambe gauche pendant que la droite se déploie à son tour pour assembler en avant; en continuant alternativement quatre autres temps, on aura un balancé complet qui se compose toujours de quatre mesures ou huit temps.

Le temps de Sissone s'exécute également en commençant par relever la jambe droite en avant, pour ensuite l'assembler en arrière (*); et après, relever la jambe gauche après avoir plié et sauté sur la jambe droite pour l'assembler à son tour en arrière, et cela jusqu'au huitième temps.

(*) Ce genre d'exécution est préférable pour les dames qui, généralement, possèdent plus de délié dans leurs mouvements que les cavaliers.

EXEMPLE

DU TEMPS DE SISSONE.

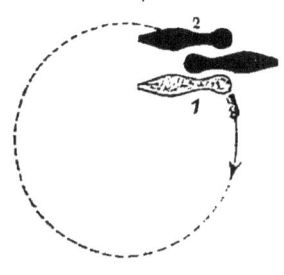 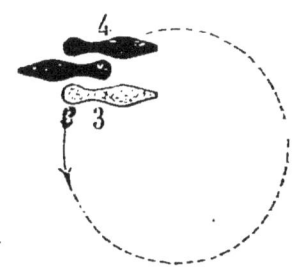

Sissone de la jambe gauche et assemblé devant.

Sissone de la jambe droite et assemblé en avant.

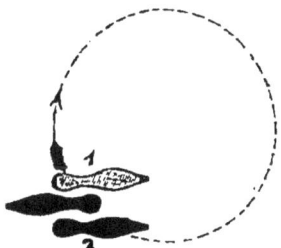 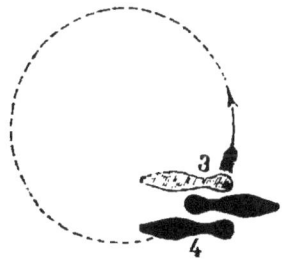

Sissone de la jambe droite et assemblé derrière.

Sissone de la jambe gauche et assemblé derrière.

EXERCICE
DU PAS DE ZÉPHIR.

Le pas de Zéphir s'emploie fréquemment pour le balancer ; il diffère du temps de Sissone en ce qu'il commence par un jeté dessus au lieu de plier les deux jambes à-la-fois, et ensuite à venir assembler sur le coude-pied au lieu d'assembler à la troisième position ; le pas de Zéphir exige beaucoup d'habileté et de souplesse dans l'exécution des ronds de jambe, sans lesquelles il n'aurait aucune valeur.

Premier temps. — Jeter dessus de la jambe droite en avant et en relevant en même temps le pied gauche derrière.

Deuxième temps. — Plier et sauter sur la jambe droite pendant que la gauche se déploie pour venir assembler sur le coude-pied.

Troisième temps. — Ensuite, jeter dessus de la jambe droite en relevant en même temps le pied droit derrière.

Quatrième temps. — Plier et sauter de nouveau sur la jambe gauche pendant que la droite se déploie et vient à son tour assembler en avant sur le coude-pied gauche, et enfin continuer successivement quatre autre temps, et terminer le huitième par un assemblé de la jambe droite en avant.

EXEMPLE DES TEMPS DE ZÉPHIR.

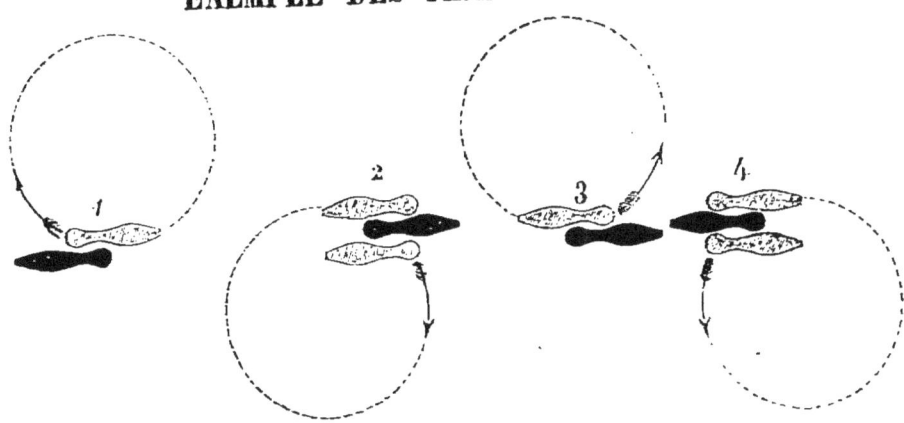

N° 1. Jeté dessus et relever derrière.

N° 2. Déployer et assembler sur le coude-pied gauche.

N° 3. Jeté dessus et relever derrière.

N° 4. Déployer et assembler sur le coude-pied droit.

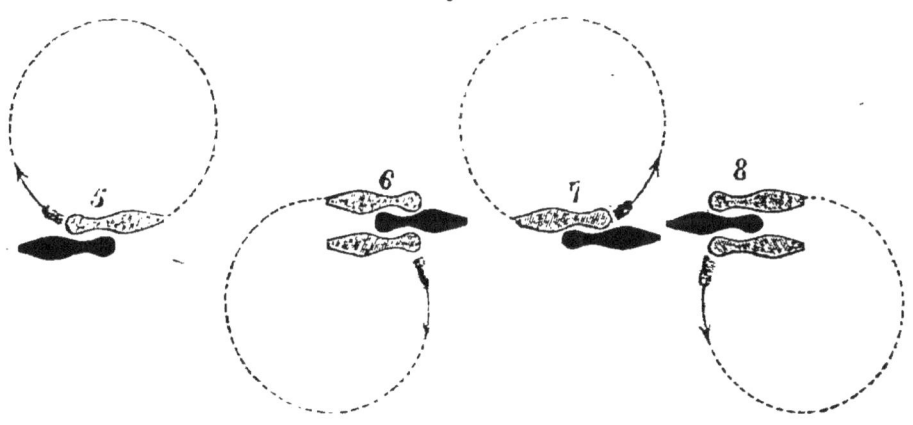

N° 5. Jeté dessus et relever derrière.

N° 6. Déployer et assembler sur le coude-pied gauche.

N° 7. Jeté dessus et relever derrière.

N° 8. Déployer et assembler devant pour finir.

PREMIÈRE LEÇON

AU VIOLON.

Aussitôt que le maître aura bien reconnu chez son élève l'équilibre nécessaire à l'exécution libre de tous ses mouvements, il l'essaiera au violon en lui faisant exécuter tous ces exercices et en commençant par les changements de jambe, comme étant l'exercice le plus facile à saisir pour soutenir les temps de la mesure, et tout cela par phrases de quatre mesures ou huit temps, et avec un air bien accentué, bien marquant, pour chacun des exercices concordant bien avec les temps de danse que l'élève exécute, et en exigeant qu'il compte très-distinctement et intégralement tous les temps de chaque phrase, qui sont : *un, deux, trois, quatre,* pour deux mesures, et *un, deux, trois, quatre, cinq, six, sept, huit* pour quatre mesures. La voix de l'élève devra se marier avec le son du violon, de telle sorte que la vibration des cordes, en communiquant à son organe, agisse sur lui comme s'il existait un fil invisible qui corresponde entre la jambe du danseur et le violon du musicien, cela est un moyen infaillible pour donner le sentiment de la mesure, même aux élèves qui ont le moins de dispositions.

EXERCICE
DES JETÉS.

Jetés en avant.

Pour exécuter les jetés, soit en avant, soit en arrière, le maître doit guider l'élève en le tenant par la main droite de sa main gauche, et garder sa droite pour un cavalier; et pour une dame, en tenant l'élève par la main gauche de sa main droite, et garder sa gauche.

Premier temps. — Etant placé à la troisième position, déployer la jambe gauche en pliant très-bas sur la droite pour ensuite sauter sur la jambe gauche en quatrième position en avant, après avoir décrit un rond de jambe en arrière, pendant que la droite s'est relevée derrière au défaut du mollet, la pointe du pied baissée.

Deuxième temps. — Ensuite déployer la jambe droite pour faire un jeté à son tour en avant pendant que la gauche se relève en même temps derrière, et enfin continuer alternativement jusqu'au septième temps pour terminer le huitième par un assemblé de la jambe droite en avant.

Jetés en arrière.

Après avoir fait huit jetés en avant qui forment quatre mesures ou huit temps, on les exécutera également en arrière, en commençant de la jambe droite pour finir de la jambe gauche par un assemblé en arrière.

Après s'être exercé plusieurs fois par huit jetés en avançant et par huit en reculant, on s'exercera aussi par quatre et par deux, et toujours par huit temps successifs.

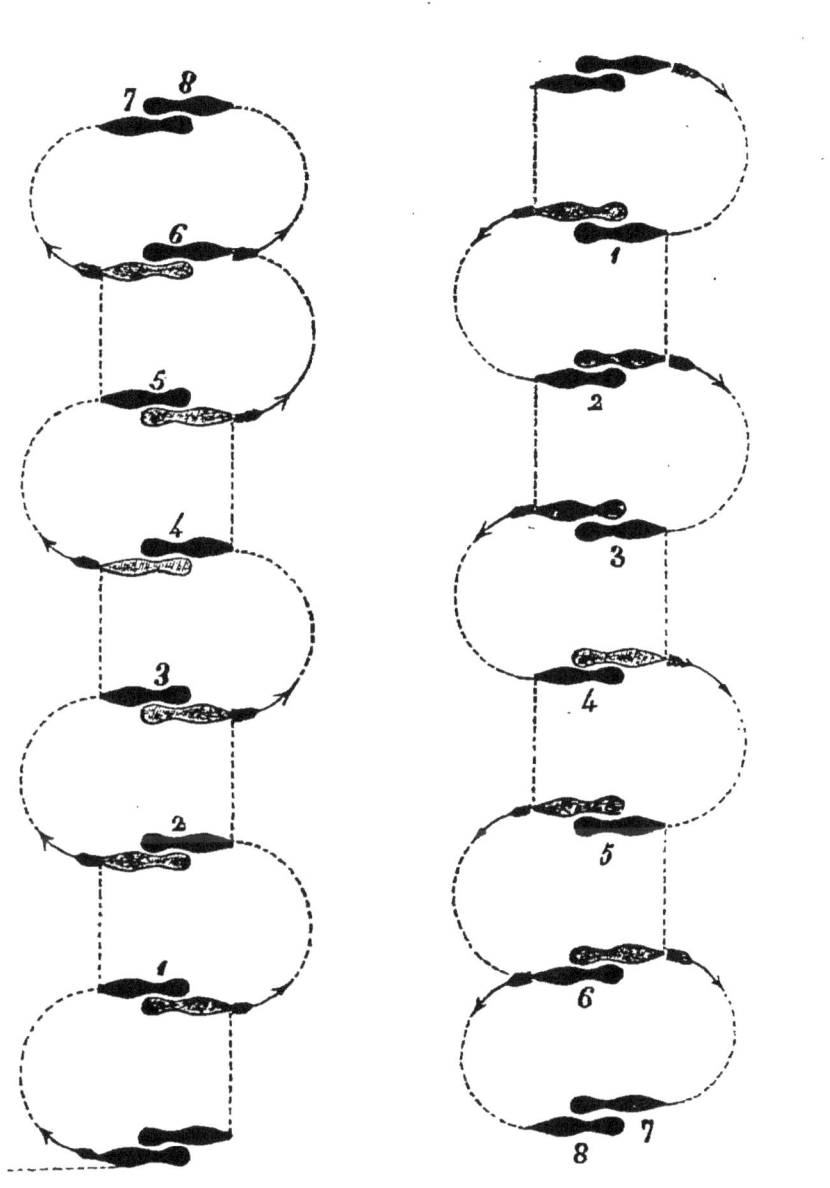

Exemple des jetés en avant (cavalier ou dame.) | Exemple des jetés en arrière (cavalier ou dame).

EXERCICE

Des Chassés.

Premier temps. — Étant placé en troisième position, il faut marcher de la jambe droite en avant à la quatrième position, et en pliant la jambe droite de manière à ce que tout le poids du corps y soit posé.

Deuxième temps. — S'élever en sautant et en avançant des deux pieds à-la-fois, de sorte que le pied gauche prenne la place du pied droit en le chassant en avant, et à la même distance qu'il en était précédemment.

Troisième temps. — Ensuite marcher en avant de la jambe gauche à la quatrième position en la pliant beaucoup et en y posant tout le poids du corps.

Quatrième temps. — En sautant et en avançant des deux pieds à-la-fois, de sorte que cette fois le pied droit prenne la place du gauche en le chassant en avant à la même distance qu'il en était.

Cinquième temps. — Marcher de nouveau en avant à la quatrième position de la jambe droite et en la pliant beaucoup.

Sixième temps. — S'élever en sautant des deux pieds en chassant la jambe droite par la jambe gauche.

Septième temps. — Et enfin, dans cette position, faire un jeté en avant de la jambe gauche en relevant en même temps la jambe droite derrière, pour finir ensuite par un assemblé de la jambe droite en avant, ce qui fait le *huitième temps*.

Les chassés s'exercent aussi en arrière et en huit temps, et commençant par marcher à la quatrième position en arrrière de la jambe gauche, qui est chassée aussitôt par la jambe droite, et alternativement jusqu'au huitième temps, qui est un assemblé de la jambe droite par la jambe gauche en arrière.

— 47 —

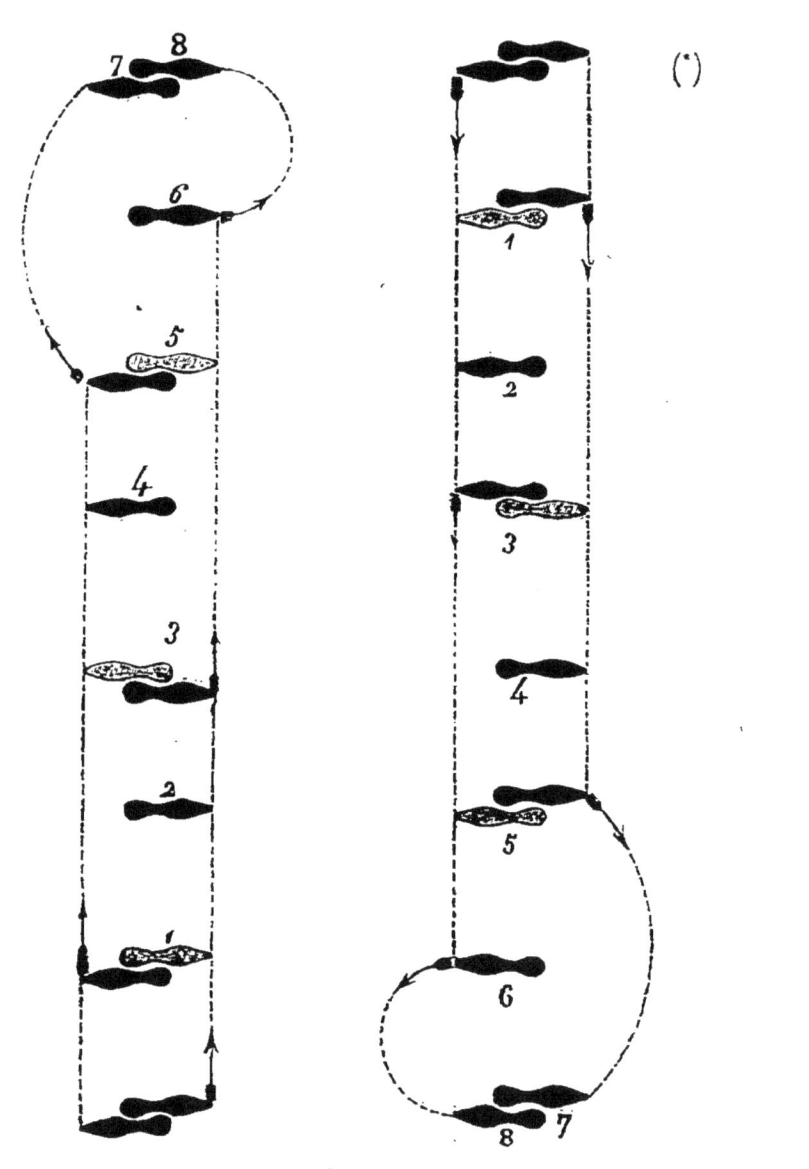

Exemple des chassés en avant (cavalier ou dame.) | Exemple des chassés en arrière (cavalier ou dame.)

(*) Les chassés en huit temps en arrière ne servent que pour étude dans la contredanse ; les pas en arrière ne sont toujours composés que de quatre temps.

INSTRUCTION PARTICULIÈRE

POUR

LA FORMATION DES QUADRILLES

ET POUR

L'EXÉCUTION DE LA CONTREDANSE.

> « Une foule empressée de jeunes élégants se disputent la main de vingt femmes charmantes pour partager avec elles le plus frivole, le plus coquet, le plus séduisant de tous les plaisirs, celui de la danse.
> (F. MATHIEU, *les Fleurs d'hiver*.) »

Par quadrille, on entend le nombre des danseurs réunis et placés pour exécuter une contredanse, qui se compose originairement de quatre cavaliers et de quatre dames (*voyez* deuxième planche), mais, à la rigueur, on peut en doubler le nombre et même le tripler. Au lieu d'un seul cavalier avec sa dame d'un côté, il peut s'en trouver jusqu'à quatre et même davantage, mais cela ne dérange rien à l'exécution des figures, et les vis-à-vis restent toujours les mêmes pendant toute la durée de la contredanse, c'est au chef d'ordre du bal à veiller à ce que les danseurs forment le plus de quadrilles possibles, ce qui dépend au reste de la disposition des localités.

Avant que les danseurs ne commencent la première figure, l'orchestre doit toujours jouer huit mesures d'introduction, pendant lesquelles le chef d'ordre doit bien s'assurer si les quadrilles sont bien complets, afin qu'il n'y ait aucun des danseurs sans vis-à-vis, et ceux-ci doivent être très-attentifs à ne pas partir avant qu'elles ne soient totalement écoulées.

C'est toujours au côté où se trouvent les personnes les plus notables de la société à partir le premier; cette priorité appartient au maître et à la maîtresse de la maison; mais, à égale distinction, c'est le côté où se trouve l'orchestre qui doit toujours avoir la préférence.

Au commandement du chef d'orchestre:

CHAÎNE ANGLAISE, les vis-à-vis des deux côtés partent en même temps sans trop de précipitation, afin de bien suivre la mesure, et pour qu'aucun des danseurs n'arrive pas plutôt à sa place que la musique ne l'indique; quand ceux-ci ont fini leur figure, les deux autres côtés du quadrille la reproduisent exactement.

Pour la deuxième figure, l'orchestre joue également huit mesures d'introduction; au commandement EN AVANT DEUX, les vis-à-vis qui partent les premiers conservent cette priorité pour toute la contredanse. Quand le quadrille n'est composé que de quatre cavaliers et de quatre dames, on ne doit partir qu'un cavalier et sa dame de vis-à-vis à-la-fois, et lorsque le quadrille se compose de huit cavaliers, ils ne doivent non plus partir deux voisins l'un l'autre; s'il se trouve trois cavaliers sur chaque face, ils doivent s'entendre de manière à ce que ceux qui occupent les deux angles d'un même côté partent avec celui du milieu d'en face, après quoi leurs vis-à-vis répètent la même figure, et ensuite les deux autres côtés du quadrille.

Pour la troisième figure, le chef d'orchestre commande MAIN DROITE, et elle s'exécute comme la précédente pour ce qui regarde le départ successif de chaque danseur.

Il existe deux quatrièmes figures, mais il n'y a toujours qu'une d'elles dans le même quadrille; c'est au chef d'orchestre d'avoir l'exactitude de commander PASTOURELLE OU TRÉNIS, selon ce que la musique indique, et c'est aux danseurs à en connaître les détails et l'exécution; ces figures s'exécutent dans le même ordre que les deux précédentes.

Depuis l'invention de la galopade, il existe aussi deux cinquièmes figures finales pour lesquelles la même composition de musique sert indifféremment; c'est pour cela que les danseurs peuvent, à leur gré, exécuter l'une ou l'autre, selon la convention qu'ils ont faite entre eux.

CINQUIÈME FIGURE, chassé croisé à *huit* ou à *seize* (c'est-à-dire autant qu'il se trouve de danseurs sur chaque côté du quadrille), suivi de l'*avant deux* tour-à-tour, et exactement comme à la deuxième figure. Au commencement de chaque en avant deux, on exécute toujours un chassé croisé, pour lequel la musique recommence les huit mesures d'introduction; et enfin, après la dernière figure, on fait une promenade générale dans laquelle chaque couple se tient comme au n° 7 de la première figure, et s'entresuit de manière à former un rond particulier de chaque quadrille.

Autre cinquième figure ou GALOPADE. On commence le galop par les couples de deux côtés vis-à-vis l'un de l'autre, et ensuite en avant et en arrière par deux fois; à la deuxième fois on change de dame en traversant, puis on forme une chaîne des dames ensuite en avant et en arrière deux autres fois; chaque cavalier ayant la dame et étant à la place de son vis-à-vis rechange de dame en retraversant. Cette figure est répétée une seconde fois par les mêmes couples, et enfin la même répétition a lieu pour les deux autres côtés jusqu'à la dernière figure où commence le galop général.

EXEMPLES

DE

PAS DIVERS

POUR

apprendre à former les Figures.

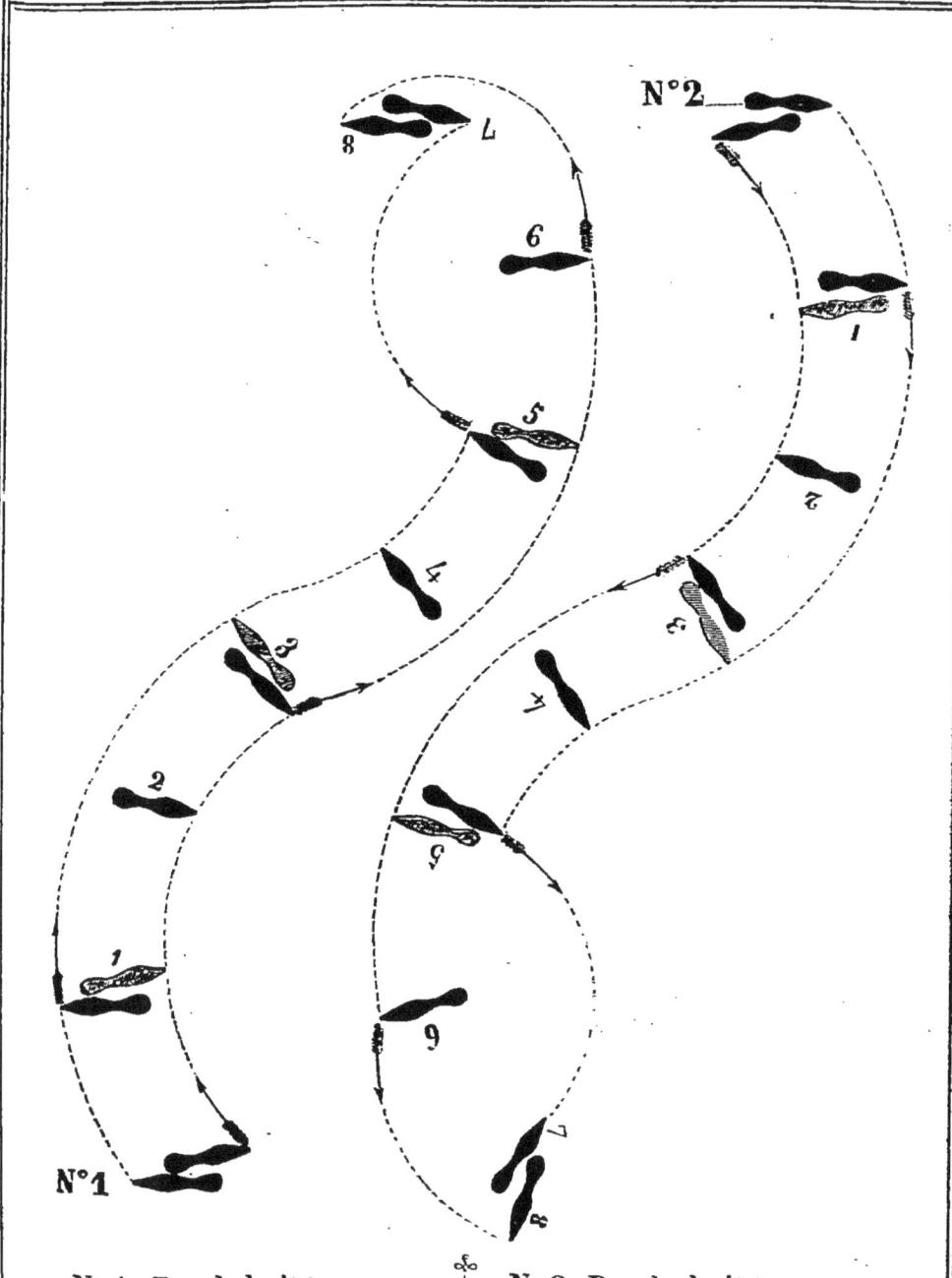

N° 1. Pas de huit temps pour traverser dans la chaîne anglaise (cavalier).

N° 2. Pas de huit temps pour traverser dans la chaîne anglaise (cavalier).

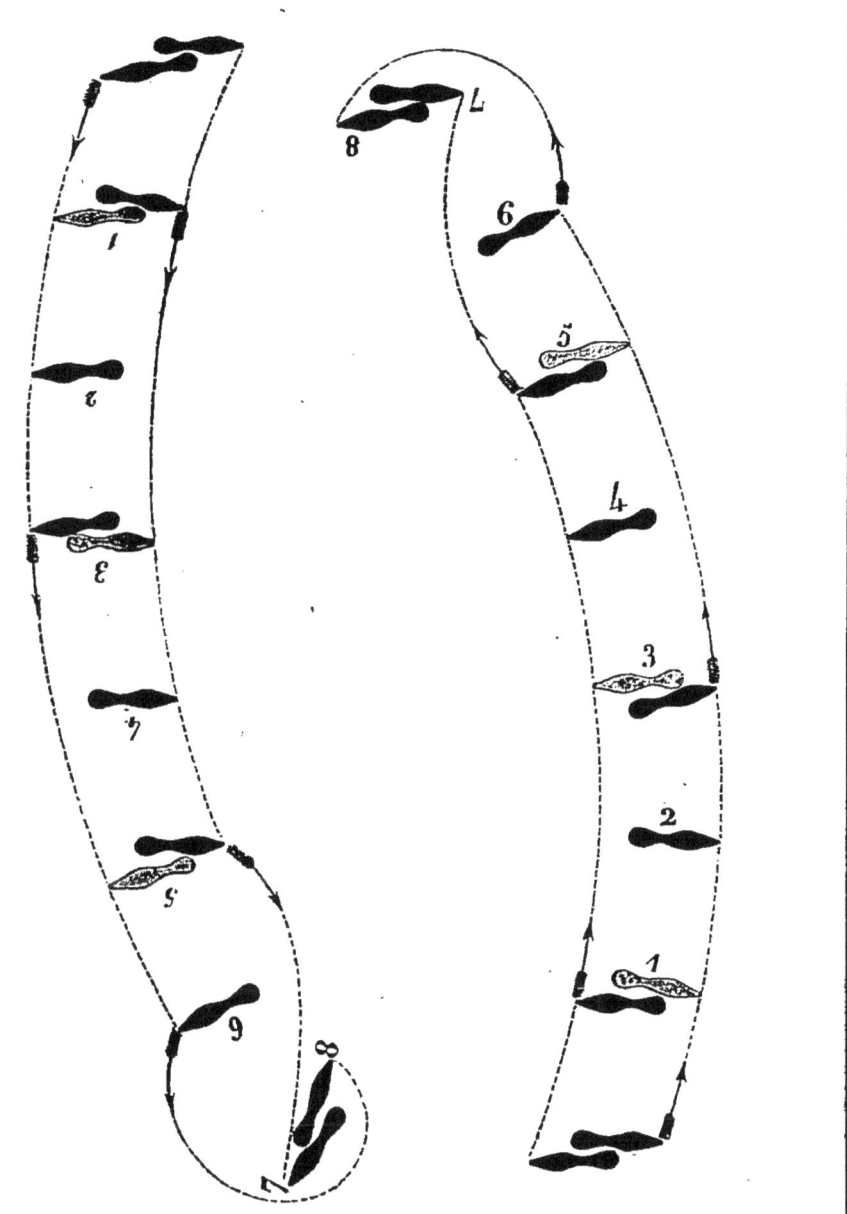

Nº 1. Pas de huit temps pour traverser dans la chaîne anglaise (dame).

Nº 2. Pas de huit temps pour retraverser dans la chaîne anglaise (dame).

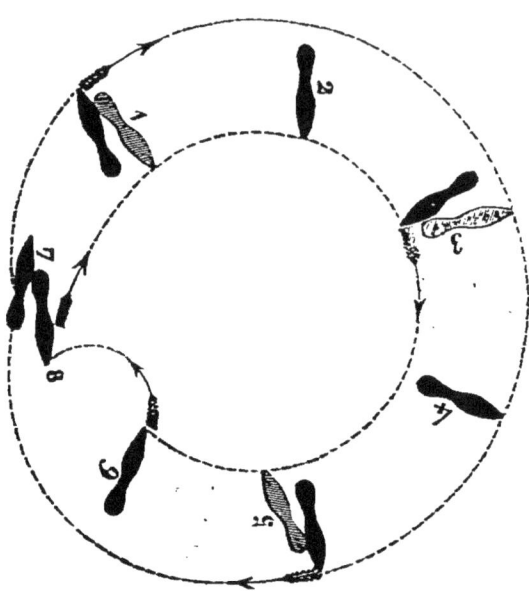

Pas de huit temps pour le tour de main dans la chaîne anglaise (cavalier).

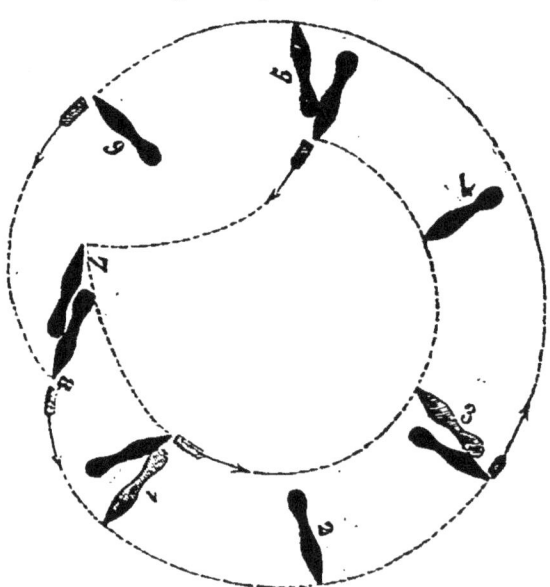

Pas de huit temps pour le tour de la chaîne des dames dans la chaîne anglaise (cavalier).

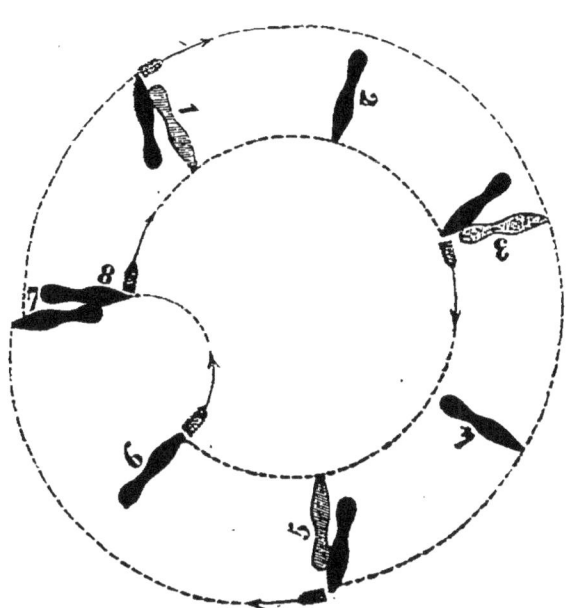

Pas de huit temps pour le tour de main qui termine toute figure (cavalier).

Pas de huit temps pour le tour de main qui termine toute figure (dame).

— 59 —

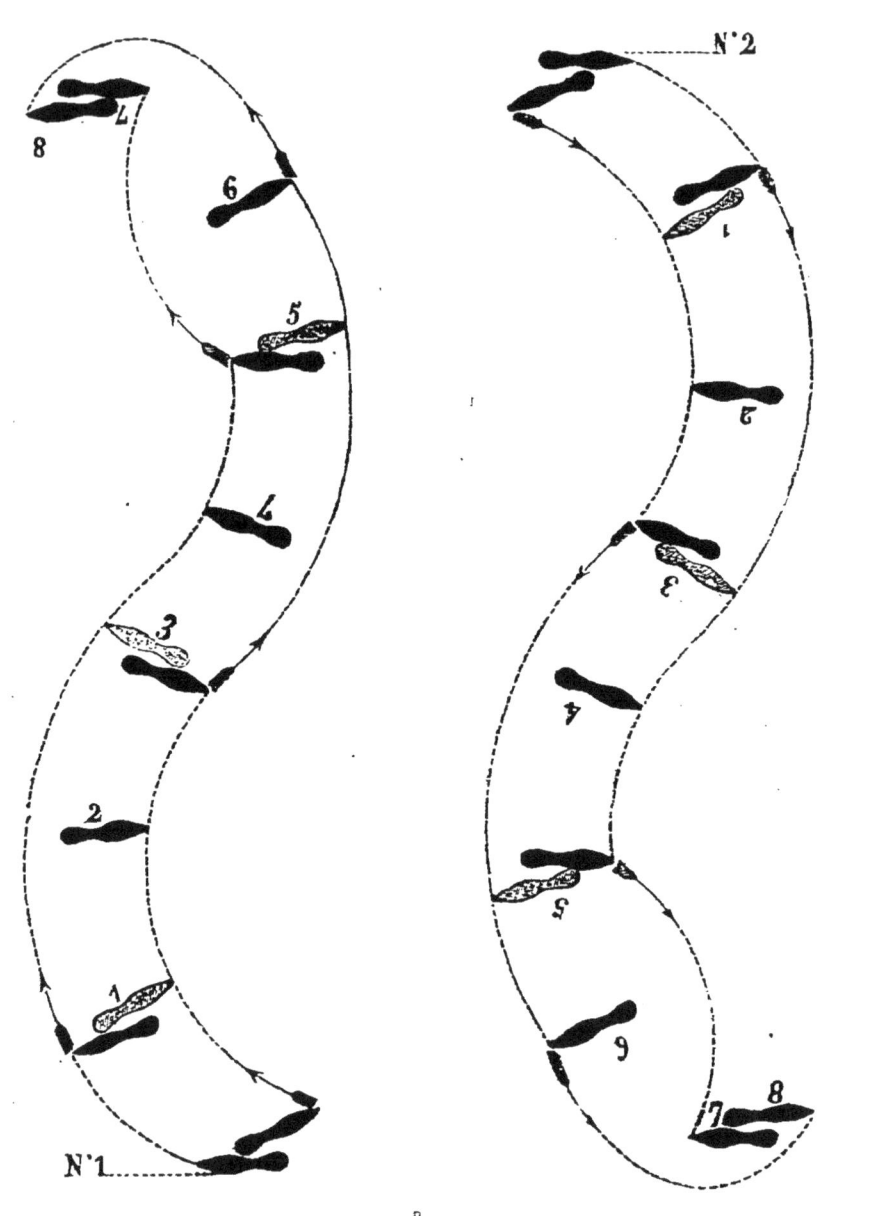

N° 1. Pas de huit temps pour le traversé de la chaîne des dames dans la chaîne anglaise (dame).

N° 2. Pas de huit temps pour le retour de la chaîne des dames dans la chaîne anglaise (dame).

— 60 —

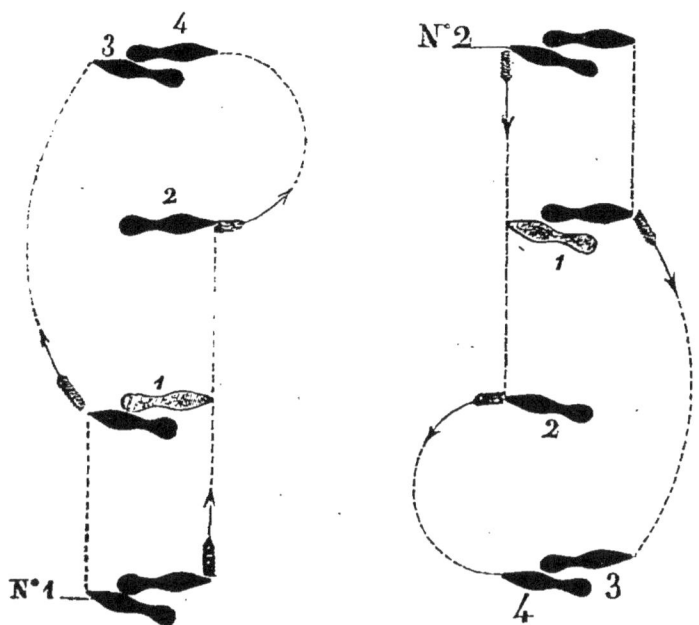

Nº 1. Pas de quatre temps en avant pour toute figure (cavalier ou dame.)

Nº 2. Pas de quatre temps en arrière pour toute figure (cavalier ou dame.)

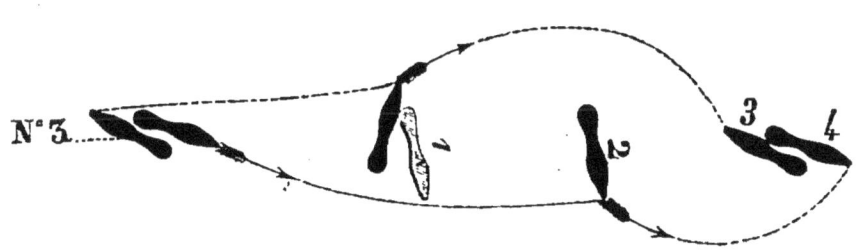

Nº 3. Pas de quatre temps pour le chassé à droite (cavalier ou dame.)

— 61 —

N° 1. Pas de quatre temps pour le chassé à gauche
(cavalier ou dame.)

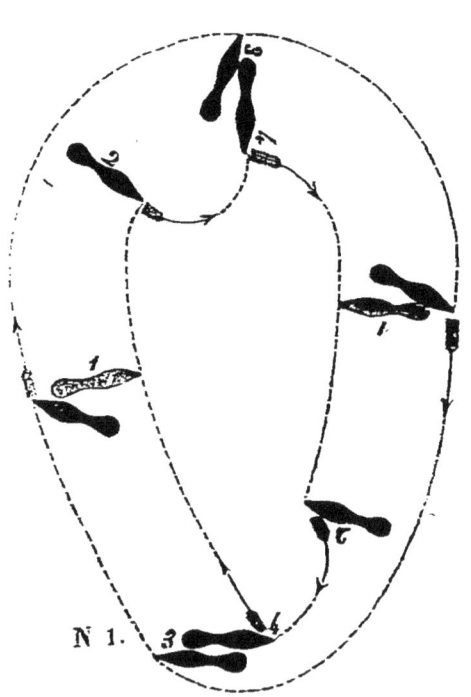

N° 2. Pas en avant de quatre temps et pour revenir à sa place
en tournant en quatre autres temps (cavalier ou dame.)

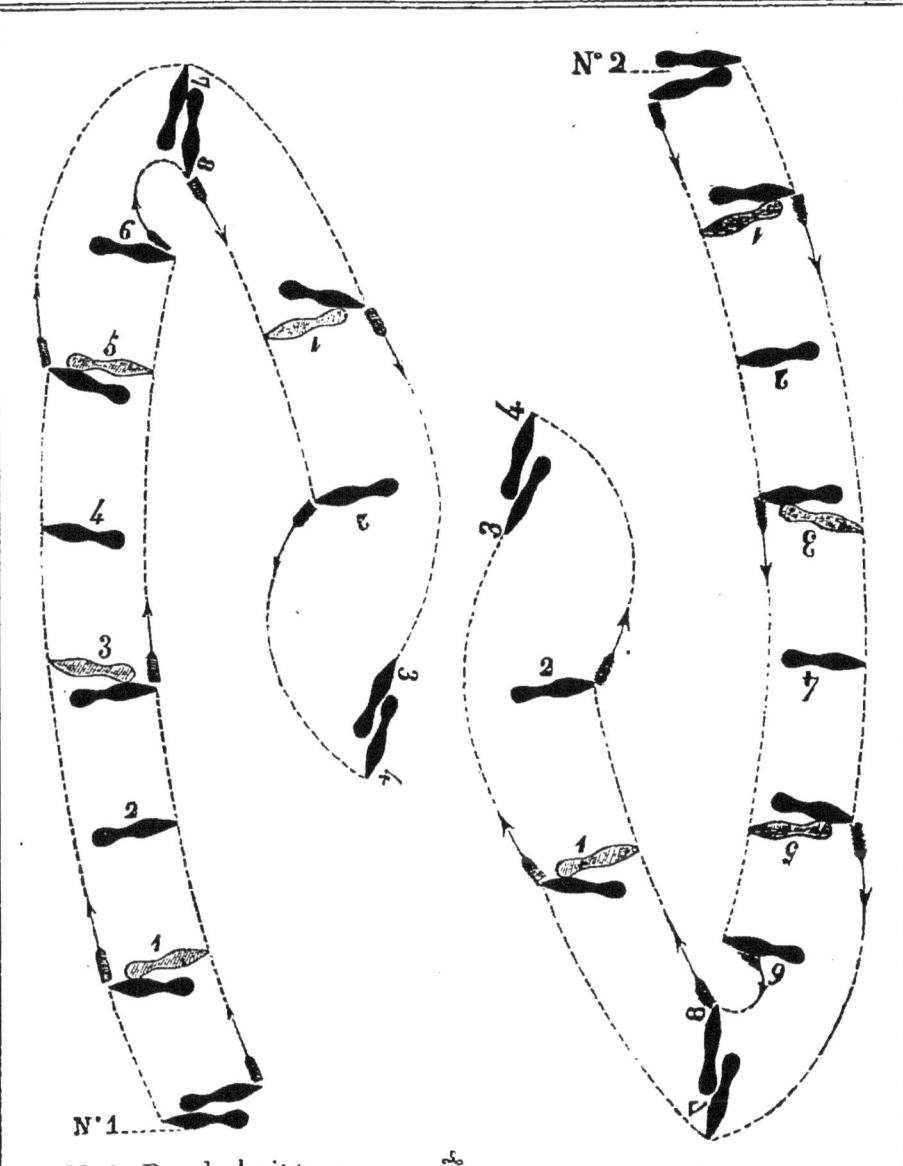

N° 1. Pas de huit temps pour traverser dans la poule, et de quatre autres temps pour retraverser (cavalier.)

N° 2. Pas de huit temps pour traverser dans la poule, et de quatre autres temps pour retraverser (dame.)

— 63 —

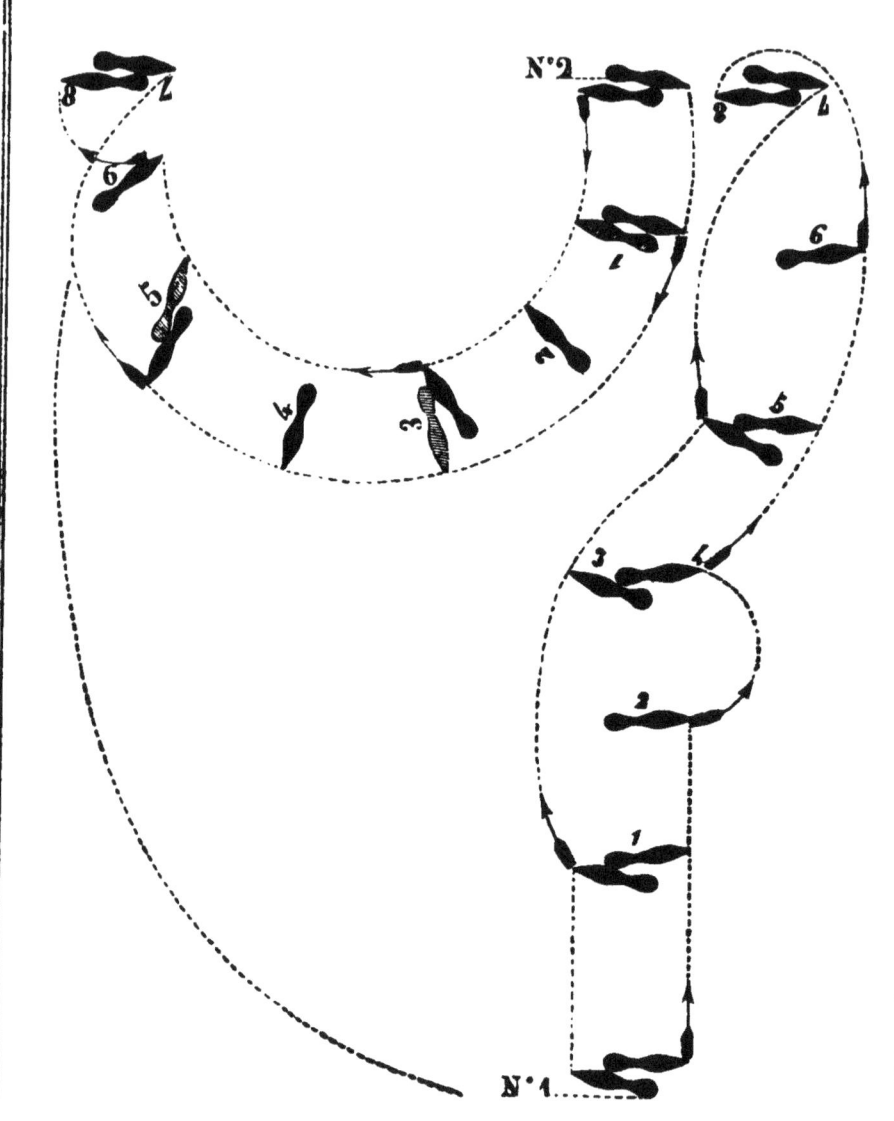

N° 1. Pas de huit temps pour la deuxième fois en avant dans la pastourelle ou la trénis (dame.) | N° 2. Pas de huit temps pour le demi-rond dans la pastourelle (dame.)

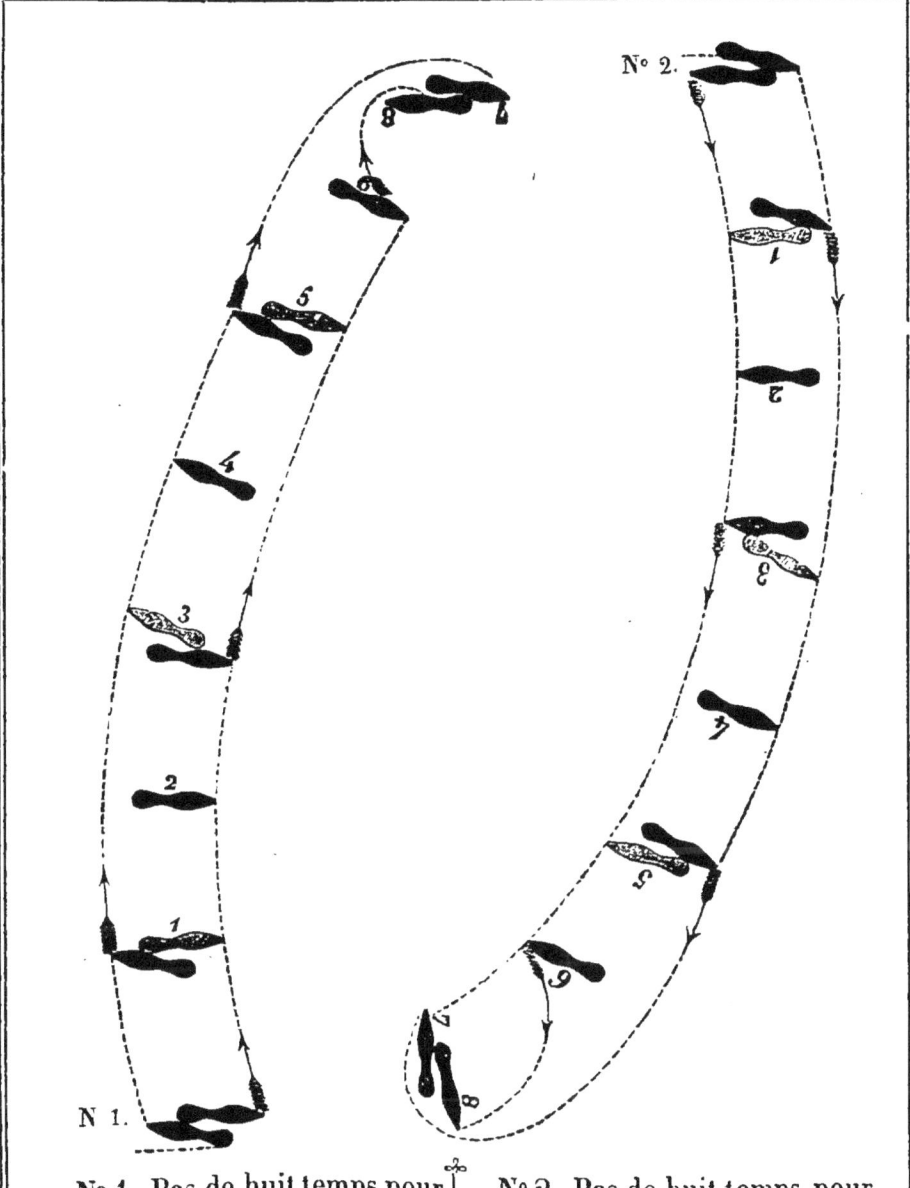

N° 1. Pas de huit temps pour le traversé de la trénis (cavalier) et pour le traversé de l'été (dame.)

N° 2. Pas de huit temps pour revenir à sa place dans la trénis (cavalier.)

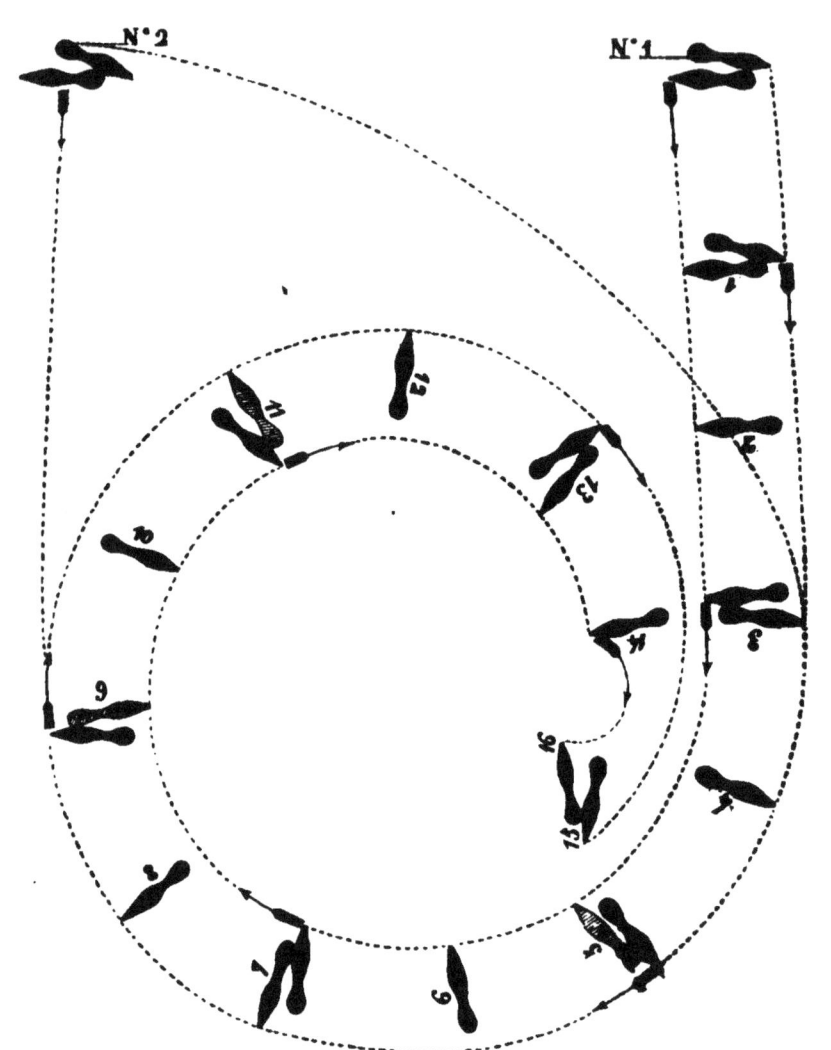

N° 1. Pas de seize temps pour le passage de la dame d'honneur (*) dans la trénis.

N° 2. Place du départ de la dame qui accompagne.

(*) Voyez la note de la page 92.

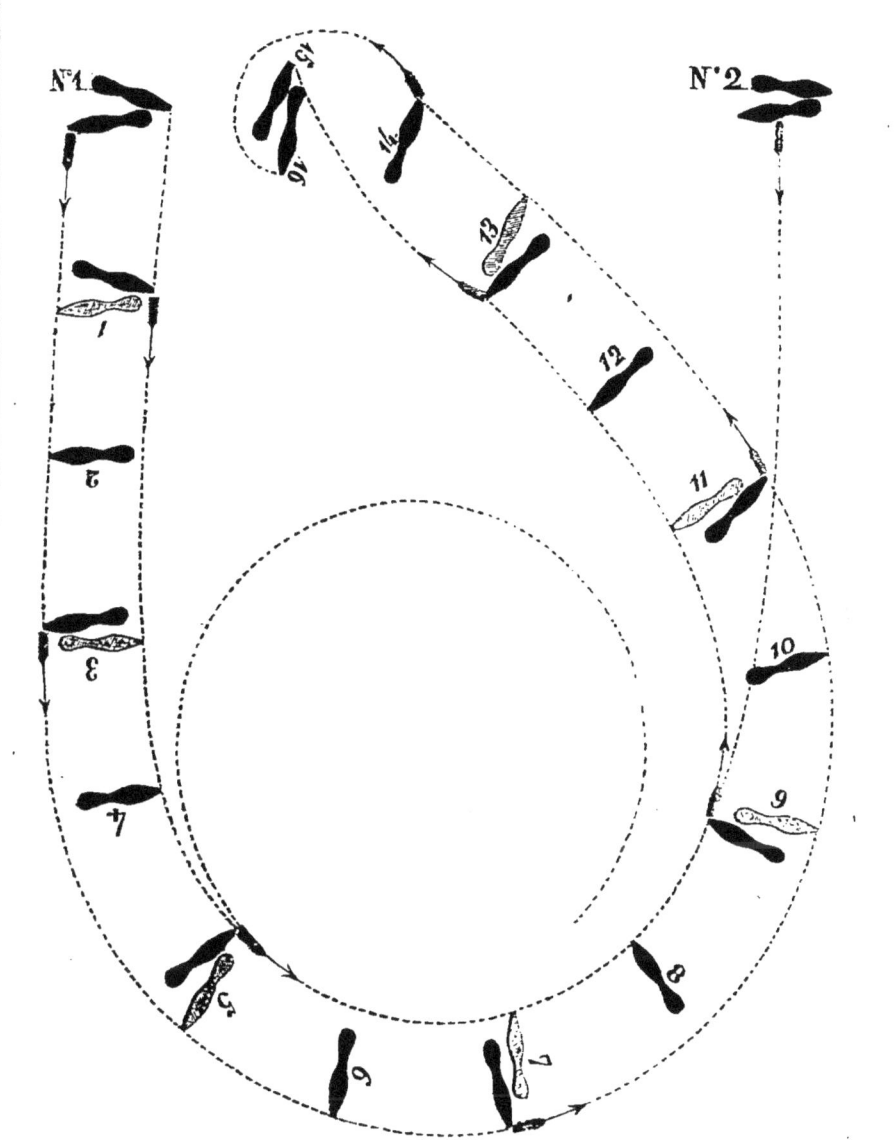

N° 1. Pas de seize temps pour le passage de la dame qui accompagne dans la trénis et qui est répété par l'autre dame quand elle accompagne à son tour.

N° 2. Place de départ de la dame d'honneur.

REMARQUE

SUR

L'exécution des Pas de la Danse.

N'est-ce pas un contraste choquant que de voir, dans un quadrille, certains danseurs s'exercer avec une grande souplesse et un goût parfait, tandis que certains autres à côté s'élèvent et s'agitent en gesticulant péniblement et sans raison? Nous croyons qu'à l'état actuel de la danse de société, il faut prendre un milieu entre ces deux extrêmes et en bannir d'abord entièrement les entrechats, tous les pas de la danse doivent s'exécuter à rez-terre comme les contretemps, les glissades, le pas de bourrée, etc.

Avant qu'un élève soit en état de figurer avec des pas *marchés*, il faut nécessairement qu'il soit bien sûr des premiers exercices. Ajoutons que, dans l'intérêt de l'art, les personnes douées de grandes dispositions doivent chercher à les développer sous la direction d'un bon maître, sans toutefois jamais s'écarter de la ligne de démarcation qui sépare la danse de théâtre de la danse de société.

Nous avons composé une série d'exemples afin de démontrer que toute personne, même sans posséder de grands avantages physiques, peut, en prenant notre méthode pour guide, exécuter les premiers pas nécessaires pour figurer dans un bal.

PLANS ET DESCRIPTIONS

DES FIGURES

de la Contredanse.

NOMENCLATURE

DE

LA CHAÎNE ANGLAISE,

PREMIÈRE FIGURE DE LA CONTREDANSE.

NUMÉROS(*) du CAVALIER.	de LA DAME.	
1 2	I II	— Chaîne anglaise.
3	III	— Balancé.
4	IV	— Tour de main.
5 6	V VI	— Chaîne des dames.
7	VII	— Demi-promenade.
8	VIII	— Demi-chaîne anglaise.

(*) Ces numéros correspondent à ceux du plan et à ceux de la description.

DESCRIPTION.

Nos 1 et 2 (*). — Chaîne anglaise.

Un cavalier et sa dame s'avancent en même temps que leurs vis-à-vis ; chaque cavalier, en traversant, présente sa main droite à la dame qu'il rencontre, puis, la quittant immédiatement (chaque cavalier devant passer l'un à la droite de l'autre et entre les deux dames), il présente sa main gauche à sa dame partenaire pour aller ensemble se placer exactement à la place de leurs vis-à-vis (*voyez* troisième planche), et cela en quatre mesures ou huit temps (**). Aussitôt arrivés, les cavaliers retournent à leurs places en passant de nouveau l'un à la droite de l'autre, tandis que chaque dame, pour retourner également à sa place, prend le chemin que l'autre a suivi pour traverser, et cela toujours en quatre mesures ou huit temps (***).

(*) A chaque numéro voyez le plan de cette figure.
(**) *Voyez* page 55, exemples nos 1 et 2.
(***) *Voyez* page 56, exemple nos 1 et 2.

N° 3. — Balancé.

Chaque couple, en arrivant à sa place primitive, doit se tenir de face afin d'exécuter un balancé en quatre mesures ou huit temps. (*Voyez* quatrième planche.)

N° 4. — Tour de main.

Après le balancé, chaque cavalier et sa dame se donnent la main pour décrire un cercle en s'entresuivant pour revenir, chacun à sa place en quatre mesures ou huit temps. Après avoir quitté les mains de leurs dames, deux temps avant de finir, les cavaliers doivent se placer de nouveau comme pour le balancé, cette position devant les préparer à partir pour le tour de la chaîne des dames, qui s'exécute en sens inverse du tour de main (*).

N°˙ 5 et 6. — Chaîne des Dames.

Immédiatement après le tour de main, chaque cavalier exécute le tour de la chaîne des dames (**) tandis que les dames partent en

---

(*) *Voyez* page 57, exemple n° 1.
(**) *Voyez* page 57, exemple n° 2.

même temps en avant, se dirigeant l'une vers la droite de l'autre, se donnant, en se rencontrant, la main droite qu'elles quittent aussitôt pour aller donner la main gauche au cavalier de vis-à-vis, et cela en tournant autour de lui pour aller se placer l'une à la place de l'autre (*) tandis que chaque cavalier a repris sa place après avoir également tourné autour de la dame, et tout cela en quatre mesures ou huit temps ; ensuite chaque dame retourne à sa place en se donnant de nouveau réciproquement la main droite qu'elles quittent aussitôt pour aller donner la main gauche à leurs cavaliers, pendant que ceux-ci exécutent un deuxième tour à gauche, et tout cela en quatre mesures ou huit temps, afin que chaque couple puisse se retrouver à sa place primitive, et cette fois ne se quittant pas la main gauche. (*Voyez* cinquième planche).

N° 7. — Demi=Promenade.

Les cavaliers, en tenant toujours leurs dames par la main gauche, les prennent aussi par la main droite, et, dans cette position, se dirigent du côté droit pour aller se mettre à la place de leurs vis-à-vis (*voyez* sixième planche), et cela en quatre mesures ou huit temps. Les cavaliers doivent observer, dans leur demi-promenade avec leurs dames, de leur quitter la main droite

---

(*) *Voyez* page 59, exemple n°⁵ 1 et 2.

au troisième temps, et la main gauche vers le cinquième, afin que chaque danseur puisse arriver plus facilement à la place qui lui est indiquée.

N° 8. — Demi-Chaîne anglaise.

La demi-chaîne anglaise s'exécute au commencement de cette figure lorsque l'on revient pour balancer, excepté que cette fois, pour finir, chaque danseur doit se trouver exactement en face de son vis-à-vis.

FIN DE LA FIGURE.

Nota. La musique de cette figure ne se répète que deux fois, étant exécutée par deux couples en même temps, et se compose de trente-deux mesures.

NOMENCLATURE

DE

L'ÉTÉ (EN AVANT-DEUX),

DEUXIÈME FIGURE DE LA CONTREDANSE.

NUMÉROS du CAVALIER.	NUMÉROS de LA DAME.	
1	I	— En avant.
2	II	— En arrière.
3	III	— Chassé à droite.
4	IV	— Chassé à gauche.
5	V	— Traversé.
6	VI	— Chassé à droite.
7	VII	— Chassé à gauche.
8	VIII	— Retraversé.
9	IX	— Demi-balancé.
10	X	— Tour de main.

DESCRIPTION.

N° 1. — En avant=deux.

Le cavalier et la dame de vis-à-vis partent en même temps en avant (*) en deux mesures ou quatre temps. (*Voyez* septième planche.)

N° 2. — En arrière.

Les mêmes vont en arrière en même temps, en deux mesures ou quatre temps (**).

N° 5. — Chassé à droite.

Les mêmes font ensemble un chassé à droite, l'un dans un sens opposé à l'autre, et toujours en deux mesures ou quatre temps (***).

(*) *Voyez* page 60, exemple n° 1.
(**) *Voyez* page 60, exemple n° 2.
(***) *Voyez* page 60, exemple n° 3.

N° 4. — Chassé à gauche.

Le cavalier et la dame reviennent à gauche, et toujours en sens opposé l'un à l'autre (*) et en deux mesures ou quatre temps.

N° 5. — Traversé.

Les mêmes traversent en même temps en conservant presque toujours la même distance entre eux, et en allant se placer au point diamétralement opposé, chacun exactement à la place que l'autre occupait avant de traverser, et cela en quatre mesures ou huit temps. (*Voyez* huitième planche.)

N° 6. — Chassé à droite.

Même passage qu'au numéro trois de cette figure.

N° 7. — Chassé à gauche.

Même passage qu'au numéro quatre de cette figure.

(*) *Voyez* page 61, exemple n° 1.

N° 8. — Retraversé.

Après avoir fait le deuxième chassé à droite et à gauche, le cavalier et la dame retraversent chacun à leur place primitive en deux mesures ou quatre temps (*). En y arrivant, le cavalier doit se trouver placé de manière à faire face à sa dame, ainsi que la dame à son cavalier, pendant que ceux de vis-à-vis, qui sont restés à leurs places, se préparent à leur faire face quand ils arrivent. (*Voyez* quatrième planche.)

N° 9. — Demi-Balancé.

Chaque couple se faisant face exécute en même temps un demi-balancé en deux mesures ou quatre temps.

N° 10. — Le Tour de main.

Le tour de main s'exécute comme au numéro trois de la première figure, excepté que celle-ci est finie quand le tour de main est terminé (**).

Nota. La musique de cette figure se répète quatre fois, parce qu'elle n'est exécutée que par deux danseurs à-la-fois, et elle se compose de vingt-quatre mesures.

(*) L'habitude seule a introduit de revenir à sa place en quatre temps, afin que les danseurs puissent exécuter un demi-balancé, de même que la dame et le cavalier qui sont restés à leur place peuvent exécuter un balancé complet, pourvu qu'ils le commencent au moment où leurs partenaires partent pour revenir à leur place.

(**) *Voyez* page 58, exemple n°s 1 et 2.

NOMENCLATURE

DE

LA POULE (MAIN DROITE),

TROISIÈME FIGURE DE LA CONTREDANSE.

NUMÉROS du CAVALIER.	NUMÉROS de LA DAME.	
1	I	— Traversé.
2	II	— Retraversé.
3	III	— Balancé.
4	IV	— Demi-Promenade.
5	V	— En Avant-deux.
6	VI	— Dos-à-dos.
7	VII	— En Avant-quatre.
8	VIII	— Demi-Chaîne anglaise.

DESCRIPTION.

N° 1. — Traversé.

Le cavalier et la dame de son vis-à-vis partent en même temps et traversent, en passant l'un à la droite de l'autre, pour aller se placer du côté opposé (*), chacun faisant face vers la droite, de sa place, et cela en quatre mesures ou huit temps. (*Voyez* neuvième planche.)

N° — 2. Retraversé.

Le cavalier et la même dame retraversent en passant l'un devant l'autre, mais cette fois en se plaçant l'un à la gauche de l'autre, de manière à pouvoir se donner la main en deux mesures ou quatre temps (*voyez* dixième planche); puis, arrivés à cette nouvelle place, ils exécutent un demi-balancé en deux mesures ou quatre temps (**).

(*) *Voyez* page 62, exemples n°° 1 et 2.
(**) Les danseurs ont introduit l'habitude de passer en silence les deux mesures du demi-balancé, afin d'être mieux préparés à commencer le balancé complet tous les quatre ensemble.

N° 3. — Le Balancé.

Après avoir exécuté le demi-balancé, le cavalier et la dame qui figurent se donnent la main gauche pendant que leurs partenaires se joignent à eux ; le cavalier et sa dame se donnent réciproquement la main droite, tandis que la dame qui figure et son cavalier se donnent aussi la main droite, et tous les quatre, se tenant presque sur une même ligne, exécutent un balancé en quatre mesures ou huit temps. (*Voyez* onzième planche.)

N° 4. — Demi-Promenade.

Même passage qu'au numéro cinq de la première figure.

N° 5. — En Avant-deux.

Aussitôt que chaque couple est arrivé l'un à la place de l'autre, le cavalier et la dame qui ont commencé la figure partent de nouveau en avant, en même temps, en deux mesures ou quatre temps, pendant que le cavalier et la dame de ceux-ci restent en repos.

N° 6. — Dos-à-dos.

Les deux mêmes danseurs partent une deuxième fois en avant, puis reviennent chacun à leur place en tournant sur eux-mêmes (*), la dame à côté de son cavalier et le cavalier à côté de sa dame, et cela en quatre mesures ou huit temps.

N° 7. — En Avant-quatre.

Les deux danseurs ayant terminé le dos-à-dos, le cavalier présente la main droite à sa dame, et la dame présente la main gauche à son cavalier, et tous les quatre vont en même temps en avant, en deux mesures ou quatre temps, et reviennent en arrière également en deux mesures ou quatre temps.

(*) *Voyez* page 61, exemple 2.

N° 8. — Demi=Chaîne anglaise.

Même passage qu'au numéro huit de la première figure, excepté, toutefois, que celle-ci est terminée quand la demi-chaîne anglaise est finie.

FIN DE LA FIGURE.

Nota. La musique de cette figure se répète quatre fois, et elle se compose de trente-deux mesures.

NOMENCLATURE

DE

LA PASTOURELLE,

QUATRIÈME FIGURE DE LA CONTREDANSE.

NUMÉROS du CAVALIER.	NUMÉROS de LA DAME.	
1	I	— Cavalier en avant avec sa Dame.
2	II	— Deuxième fois en avant.
«	III	— En avant-trois.
«	IV	— Deuxième fois en avant-trois.
5	«	— Cavalier seul.
6	«	— Deuxième fois Cavalier seul.
7	VII	— Demi-Rond.
8	VIII	— Demi-Chaîne anglaise.

DESCRIPTION.

N° 1. — Un Cavalier avec sa Dame en avant.

Le cavalier, tenant de sa main droite la main gauche de sa dame, part avec elle en avant en deux mesures ou quatre temps, et revient également en arrière avec elle en lui tenant toujours la main, en deux mesures ou quatre temps.

N° 3. — Deuxième fois en avant.

Le même couple retourne une seconde fois en avant en deux mesures ou quatre temps, et à celle-ci, la dame quitte son cavalier pour aller se placer à la gauche de celui d'en face et lui présenter la main droite (*), que celui-ci reçoit dans sa main gauche, tandis que son cavalier partenaire retourne à sa place, et cela en deux mesures ou quatre temps.

N° 3. — En avant-trois.

Aussitôt que la dame est arrivée à la gauche du cavalier de vis-à-vis, celui-ci prend au même instant la main gauche de sa dame, et, dans cette position, tous les trois vont en avant, en deux mesures ou quatre temps, et reviennent tous les trois en arrière, également en deux mesures ou quatre temps, pendant que le cavalier, qui est retourné seul à sa place, fait un repos de huit mesures. (*Voyez* douzième planche.)

N° 4. — Deuxième fois en avant-trois.

Les trois mêmes danseurs retournent une deuxième fois en avant, toujours en deux mesures ou quatre temps, et reviennent en arrière, également en deux mesures ou quatre temps.

(*) *Voyez* page 63, exemple n° 1.

N° 5. — Cavalier seul.

Le cavalier qui a retourné seul à sa place part en avant, en deux mesures ou quatre temps, et revient en arrière, également en deux mesures ou quatre temps.

N° 6. — Deuxième fois Cavalier seul.

Le même cavalier retourne une deuxième fois en avant, toujours en deux mesures ou quatre temps; mais cette fois, sans retourner en arrière, il exécute sur place, en face de ses trois vis-à-vis, un demi-balancé en deux mesures ou quatre temps.

N° 7. — Demi-Rond.

Aussitôt que le cavalier seul a terminé le demi-balancé, ses trois vis-à-vis partent en même temps vers leur gauche et sans se quitter les mains, tandis que le cavalier seul se joint à eux pour former tous les quatre un rond complet et tourner ensemble durant quatre mesures ou huit temps (*), et de telle sorte qu'en finissant de tourner, chaque couple se trouve à la place de l'autre. (*Voyez* treizième planche.)

(*) *Voyez* page 63, exemple n° 2.

N° 8. — Demi-Chaîne anglaise.

Les deux couples s'étant séparés et se trouvant l'un à la place de l'autre, partent en même temps en avant pour retourner à leur place primitive en exécutant la demi-chaîne anglaise, comme au numéro huit de la première figure.

FIN DE LA FIGURE.

Nota. La musique de cette figure se répète quatre fois, et se compose de trente-deux mesures.

NOMENCLATURE

DE LA TRÉNIS,

FIGURE QUI ALTERNE AVEC LA PASTOURELLE.

NUMÉROS du CAVALIER.	NUMÉROS de LA DAME.	
1	I	— Cavalier avec sa Dame en avant.
2	II	— Deuxième fois en avant.
3	III / III	— Traversé les trois (*).
4	IV / IV	— Retraversé les trois.
5	V / V	— Balancé.
6	VI / VI	— Tour de main.

(*) A partir du numéro trois, les deux numéros qui sont dans la même accolade, et qui correspondent à ceux du plan, signifient que les deux dames doivent partir ensemble pour parcourir en même temps les lignes diverses qui leur sont tracées.

DESCRIPTION.

N° 1. — Le Cavalier avec sa Dame en avant.

Même passage qu'au numéro premier de la figure de la pastourelle.

N° 2. — Deuxième fois en avant.

Même passage qu'au numéro deux de la figure de la pastourelle.

N° 3. — Traversé les trois.

Aussitôt que la dame d'honneur (*) est arrivée à la gauche du ca-

---

(*) Nous avons qualifié du nom de dame d'honneur la dame qui part la première avec son cavalier. Mesdames (les amateurs de danse) nous sauront gré sans doute de cette désignation, qui évitera désormais la confusion qui a toujours régné dans cette figure.

valier de vis-à-vis, la dame qui est à la droite de ce même cavalier, et celle-ci, partent ensemble en se dirigeant en avant pour aller se croiser du côté opposé, la dame d'honneur passant devant (*), durant que le cavalier, qui est retourné seul en arrière, traverse en passant entre les deux dames et va se placer également du côté opposé, et tout cela en quatre mesures ou huit temps. (*Voyez* quatorzième planche.)

N° 4. — Retraversé les trois.

La dame d'honneur, en retraversant, se trouvant au huitième temps presqu'à la place de son cavalier, continue son chemin en tournant sur sa droite pour revenir à sa place primitive, tandis que la dame qui accompagne doit aussi continuer son chemin pour revenir également à sa place; alors le cavalier passe de nouveau entre les deux dames pour regagner aussi sa place, et tout cela en quatre mesures ou huit temps. (*Voyez* quinzième planche.)

(*) Voyez page 65, exemple n° 1, pour la dame d'honneur, et page 66 pour la dame qui accompagne, depuis le n° 1 jusqu'au n° 16 inclusivement pour chaque exemple de dame.

N° 5. — Balancé.

Les trois danseurs qui figurent à-la-fois étant retournés chacun à leur place, le cavalier qui était resté seul se pose en face de sa dame quand elle arrive; alors chaque couple exécute un balancé complet en quatre mesures ou huit temps.

N° 6. — Le tour de main.

Le tour de main de la trénis s'exécute comme celui de la deuxième figure.

FIN DE LA FIGURE.

Nota. La musique de cette figure se répète quatre fois, et elle se compose de vingt-quatre mesures.

NOMENCLATURE
DE LA GALOPADE,
FIGURE FINALE DE LA CONTREDANSE.

NUMÉROS du CAVALIER.	de LA DAME.	
		— Rond du Galop.
1	I	— Cavalier en avant et en arrière avec sa Dame.
2	II	— Deuxième fois en avant et changer de Dame en traversant.
3	III	— Chaîne des Dames.
4	IV	
5	V	— En avant et en arrière avec les Dames de vis-à-vis.
6	VI	— Deuxième fois en avant et reprendre sa dame en retraversant.

(*Bis* pour toute la figure.)

DESCRIPTION.

Rond du Galop.

Cette figure se commence par le rond du galop. Chaque cavalier vis-à-vis tenant sa dame à-peu-près comme pour la valse (*). Alors chaque couple part pour faire le tour du quadrille, afin de revenir à sa place primitive et sans se quitter, en huit mesures ou seize temps.

N° 1. — En avant quatre.

Les mêmes couples partent en avant en deux mesures ou quatre temps et retournent en arrière sans se quitter, également en deux mesures ou quatre temps.

(*) Pour faire le galop, le cavalier doit partir en avant de la jambe gauche à chaque temps, et en arrière de la jambe droite, au lieu que la dame part en avant de la jambe droite, et en arrière de la jambe gauche.

N° 2. — Deuxième fois en avant et changer de dame.

Les mêmes danseurs retournent une deuxième fois en avant, en deux mesures ou quatre temps; mais cette fois, au lieu de retourner en arrière, chaque cavalier quitte sa dame et s'empare de celle de son vis-à-vis, en lui passant le bras droit autour de la taille et en lui prenant en même temps la main droite de sa main gauche, de façon à la faire tourner sur elle-même (*voyez* seizième planche), afin que, par cette évolution, les dames reviennent à leurs places et les cavaliers traversent pour aller se placer exactement l'un à la place de l'autre, et tout cela en quatre mesures ou huit temps.

N°° 3 et 4. — Chaîne des dames.

La chaîne des dames s'exécute comme aux numéros cinq et six de la première figure, excepté que dans celle-ci chaque cavalier fait les deux tours de la chaîne des dames en occupant la place de son vis-à-vis.

N° 5. — En avant quatre, chaque cavalier ayant la dame de son vis=à=vis.

Les cavaliers ayant chacun la dame de leurs vis-à-vis partent de nouveau en avant, en deux mesures ou quatre temps, et vont en arrière, également en deux autres mesures ou quatre temps.

N° 6. — Deuxième fois en avant quatre, chaque cavalier reprenant sa Dame.

Les mêmes couples retournent une deuxième fois en avant en deux mesures ou quatre temps, mais cette fois chaque cavalier quitte la dame de son vis-à-vis pour reprendre sa dame parténaire, afin de revenir ensemble à leurs places, et en deux mesures ou quatre temps.

Aussitôt arrivés à leurs places, les mêmes danseurs recommencent le rond du galop et répètent exactement la même figure, en sorte que les deux autres côtés commencent leur figure par le rond du galop et la répètent deux fois de suite, ainsi que les deux premiers. Après la quatrième répétition de la figure, il se fait un galop général dans lequel tous les quadrilles ne forment plus qu'un seul rond.

FIN DE LA CONTREDANSE.

Nota. La musique de cette figure se répète quatre fois et se compose de vingt-quatre mesures.

PLANS ET DESCRIPTION

DE

LA VALSE.

DESCRIPTION

DES PREMIERS PRINCIPES

DE LA VALSE.

POUR

Apprendre à battre la mesure en divisant le pas, qui est de six temps, trois par trois.

La musique de la valse étant composée de trois temps par mesure, il faut par conséquent que l'intervalle de deux mesures s'écoulent durant que le valseur exécute le pas complet qui est de six temps, c'est-à-dire qu'après avoir fait un tour, le valseur doit se trouver la face tournée du même côté où il se trouvait avant que de commencer à tourner.

Il est utile et indispensable, poür un élève, de bien savoir cadencer les six temps du pas de la valse, en les divisant trois par trois, avant que d'entreprendre à l'exécuter en tournant ; à cet effet, il se placera les pieds rapprochés l'un de l'autre, les talons sur la même ligne et les pointes un peu en dehors. (*Voyez* premier plan de la valse, au point de départ).

Premier temps. — Marcher en avant du pied droit à seize centimètres environ du pied gauche et en le plaçant si bien à plat que tout le poids du corps repose sur la jambe droite.

Deuxième temps. — Rapprocher le pied gauche près du pied droit, de manière à ce qu'ils se trouvent placés comme au point de départ ; ce rapprochement doit se faire en frappant légèrement le pied à terre.

Troisième temps. — Lever le pied droit perpendiculairement à six centimètres environ du sol pour le remettre exactement à la même place et en frappant également un peu le pied à terre, de telle sorte qu'après avoir marqué le troisième temps, les talons soient rapprochés l'un de l'autre.

Après avoir exécuté trois temps en commençant de la jambe droite, il faut en exécuter trois autres en commençant de la jambe gauche, puis ensuite continuer alternativement en avançant de trois temps en trois temps, et toujours très-lentement et en mettant exactement le même intervalle d'un temps à un autre.

Quand l'élève aura exécuté plusieurs pas de la même manière

en avançant, il les exécutera ensuite en marchant dans une direction oblique à chaque premier des trois temps, et en rapprochant toujours le pied qui se trouve en arrière près de celui qui se trouve placé, dans cet exercice, aux deuxième et troisième temps, soit en avançant, soit en reculant; les talons doivent toujours être réunis.

Après avoir continué plusieurs pas en avançant, l'élève devra les exécuter en tournant sur lui-même peu-à-peu à chaque trois temps, afin de se trouver prêt à les exécuter en reculant et en tournant de nouveau peu-à-peu à chaque trois temps, il parviendra ainsi à se trouver dans les mêmes lignes et à revenir au même point d'où il était parti.

Cet exercice étant la base fondamentale de la valse, les élèves devront s'y livrer fréquemment; car à moins de cette méthode pratique, il est peu de valseurs qui soient aptes à bien prendre le pas en mesure (*).

L'avantage réel de cet exercice est qu'il peut servir d'étude à

(*) Dans une réunion dansante, au moment de la valse, les spectateurs n'ont souvent pas le soin de se ranger exactement au milieu du salon; il en résulte que les valseurs peu habiles, rencontrant un obstacle, s'arrêtent tout-à-coup au lieu de cadencer le pas comme il est indiqué plus haut, jusqu'à ce que l'obstacle soit dissipé, afin de pouvoir ensuite continuer en tournant; or, quand bien même il ne se rencontrerait aucun empêchement, on doit, après avoir fait plusieurs fois le tour du salon, se servir de ce procédé; il est surtout utile aux personnes qui ne valsent que peu souvent; car, de cette manière, elles ne seront jamais exposées aux étourdissements.

deux valseurs à-la-fois, de telle sorte que, quand l'un cadence le pas en avançant, son partenaire le cadence en reculant, ainsi que pour le commencer, l'un étant en face de l'autre, il faut que celui-ci parte du pied droit tandis que celui-là part du pied gauche, *et vice versâ*. Ils devront aussi compter ensemble distinctement tous les temps qui sont *un, deux, trois* pour chaque mesure, afin de bien s'accorder avec les mouvements des pieds. Pendant cet exercice, il faut tenir la tête droite, le haut du corps un peu en arrière ; le valseur doit ceindre la taille de sa dame de ses deux mains, un peu au-dessous des omoplates, en ayant les doigts de chaque main joints et allongés ; la dame doit avoir les bras posés sur ceux du cavalier dans toutes leur longueur, et les mains placées légèrement sur les épaules du cavalier; au reste, nous reviendrons sur ces détails dans le troisième exercice de la valse.

DESCRIPTION

DU DEUXIÈME EXERCICE

POUR

Apprendre le pas de Valse

ET

L'EXÉCUTER SEUL DE LA MÊME MANIÈRE QUE LORSQU'ON VALSE DEUX ENSEMBLE.

Lorsqu'un élève sera assez habile à bien marquer la mesure du pas de valse, en divisant les six temps trois par trois, et à la mesure de la musique, alors il commencera à l'exécuter seul en tournant, et en ne comptant pas seulement les temps trois par trois pour chaque mesure, mais bien tous les six intégralement, ce qui comprend alors deux mesures de musique pour chaque pas de valse complet. (*Voyez* le plan ci-contre.)

Premier temps. — Etant placé comme au point de départ du premier exercice, il faut marcher du pied droit en appuyant un peu sur la gauche, à seize centimètres environ du pied gauche, en posant le pied à plat et en portant en même temps tout le poids du corps sur la jambe droite (*).

Deuxième temps. — Il faut marcher du pied gauche directement en avant, la pointe du pied légèrement tournée en dedans et placée de manière que le talon du pied gauche soit à la hauteur de la pointe du pied droit, et qu'il en soit éloigné environ de la longueur du pied du valseur ; il faut y porter tout le poids du corps qui était précédemment posé sur la jambe droite (**).

Troisième temps. — Il faut faire pivoter le pied droit sur la pointe et le rapprocher du pied gauche en le glissant sur le plancher, de telle sorte que le talon droit se trouve vis-à-vis la cheville du pied gauche (***).

Quatrième temps. — Il faut marcher en avant du pied gauche en décrivant un segment de cercle pour aller le placer sur une ligne parallèle au pied droit, à seize centimètres environ de distance et en portant en même temps tout le poids du corps sur la jambe gauche (****).

(*) *Voyez* première planche, n° 10.
(**) *Voyez* même planche, n° 11.
(***) *Voyez* même planche, n° 12.
(****) *Voyez* même planche, n° 13.

Cinquième temps. — Apporter le pied droit derrière le gauche en lui ayant fait décrire un demi-cercle et le glissant légèrement sur la pointe, et le placer de manière qu'il y ait six centimètres de distance de la pointe du pied droit au talon du pied gauche, les deux pieds devront former à-peu-près la figure d'un équerre, et, dans cette position, le poids du corps sera partagé également sur les deux jambes (*).

Sixième temps. — S'élever sur les deux pointes, les jarrets tendus et faire pivoter les deux pieds à-la-fois pour faire volte-face, de telle sorte que le pied droit, qui était derrière d'abord, se retrouve ensuite devant (**), après quoi on recommence à marcher du pied droit pour entamer un autre pas sans mettre aucune interruption d'un pas à un autre, et le même intervalle entre chaque temps, et en allant toujours très-lentement, surtout lorsqu'on s'exerce seul; ce n'est qu'étant deux valseurs ensemble que l'on doit essayer de faire le pas aussi vite que la musique l'exige.

(*) *Voyez* première planche, n° 14.

(**) Quoique le valseur fasse une révolution entière sur lui-même à chaque tour de valse, il ne décrit qu'un demi-cercle pour chaque tour qui se renouvelle. (*Voyez*, à cet effet, le deuxième plan de la valse.)

DESCRIPTION

DU

PAS DE LA VALSE

POUR

deux personnes, tel qu'on l'exécute au bal.

Pour exécuter le pas de valse à deux personnes, il faut d'abord se placer comme au point de départ des exercices précédents; ensuite le cavalier doit mettre son bras droit autour de la taille de sa dame, et son bras gauche à sa position naturelle; ce n'est qu'au moment de la jonction des pas des deux valseurs qu'il doit s'en servir. La dame doit poser son bras gauche dans toute sa longueur sur le bras droit du cavalier, la main placée légèrement sur son épaule et en laissant aussi son bras droit à sa position naturelle.

Dans cette position, ils doivent partir ensemble en avant chacun du pied droit, et faire plusieurs pas comme au premier exercice afin de se bien mettre au mouvement de la mesure. Mais aussitôt que le cavalier part en exécutant les trois premiers temps pour tourner autour de sa dame, celle-ci doit continuer à marquer encore deux temps et s'arrêter durant l'espace du troisième, pour bien saisir le pas du valseur, en commençant le sien par les trois premiers, en partant du pied droit en avant entre ceux du cavalier, de sorte que la dame fasse le premier pas de son temps, tandis que le cavalier fait déjà le quatrième du sien, et de manière à ce qu'il exécute les trois derniers temps en tournant sur lui-même comme sur un pivot pendant que la dame fait d'abord les trois premiers temps de son pas en tournant autour du cavalier, et exécute ensuite les trois derniers en tournant sur elle-même à son tour, tandis que le cavalier recommence un autre pas par les trois premiers temps, et cela alternativement pendant tout le cours de la valse; seulement, s'il se rencontrait un obstacle, les valseurs doivent cesser de tourner, sans pour cela cesser de marquer le pas en le cadençant comme il est indiqué sur le premier plan. S'il plaisait au cavalier de poursuivre la valse en reculant, et, par conséquent, la dame en avançant, il ne devra recommencer à tourner qu'en exécutant les trois derniers temps du pas, et la dame par les trois premiers; si, au contraire, il poursuivait la valse en avançant et la dame en reculant, il ne recommencera à tourner qu'en exécutant les trois premiers et la dame les trois derniers.

Nous avons démontré plus haut la manière dont le cavalier et la dame se tiennent pour valser ensemble: mais, arrivés à une certaine perfection, ils doivent aussi s'habituer à se quitter de chacun un bras, en se tenant toujours la main, qu'ils baissent à la hauteur des hanches, en évitant toutefois de la laisser vaciller. Après plusieurs pas de cette façon, ils doivent se reprendre des bras qui sont baissés et se quitter des deux autres. Cette manière est plus élégante et aussi plus avantageuse, particulièrement pour les dames, en ce qu'elle leur laisse la taille plus découverte.

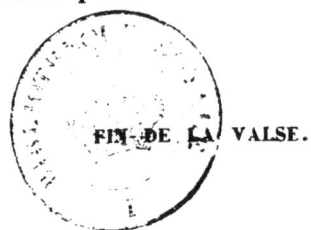

FIN DE LA VALSE.

GRAVURES

INDIQUANT

les différentes places que les danseurs occupent

DURANT L'EXÉCUTION DE LA CONTREDANSE.

II.me Planche.

Quadrille.

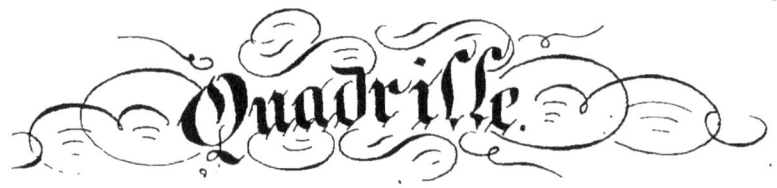

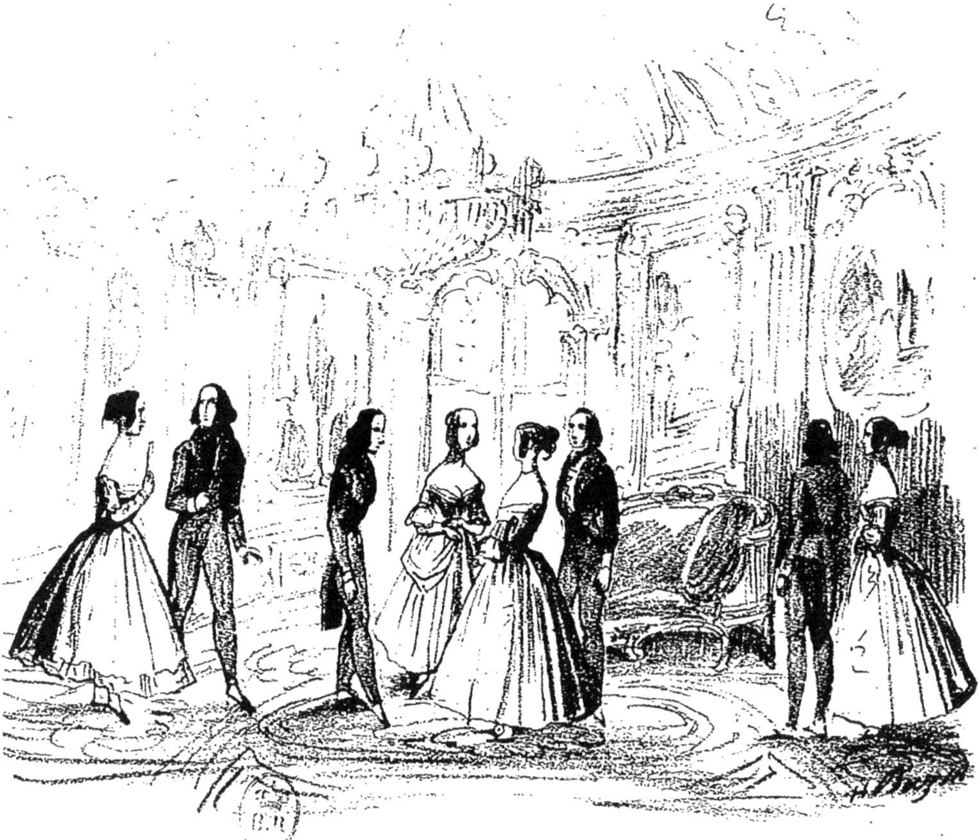

POSITION DES DANSEURS.

IIIme Planche.

Chaine Anglaise

LE DÉPART.

IV.me Planche.

Chaine Anglaise.

BALANCEZ.

V.me Planche.

Chaîne Anglaise

CHAINE DES DAMES.

VI.ᵐᵉ Planche.

Chaine Anglaise.

DEMI-PROMENADE.

TRAVERSEZ.

TRAVERSEZ.

XIme Planche.

La Poule.

RETRAVERSEZ.

XIe Planche.

La Poule

BALANCEZ.

XIVme Planche.

Pastourelle.

EN AVANT TROIS.

XII.me Planche.

Pastourelle.

EN ROND.

Traversez les Trois.

Retraversez les Trois.

Position dans le Galop.

Position des Valseurs.

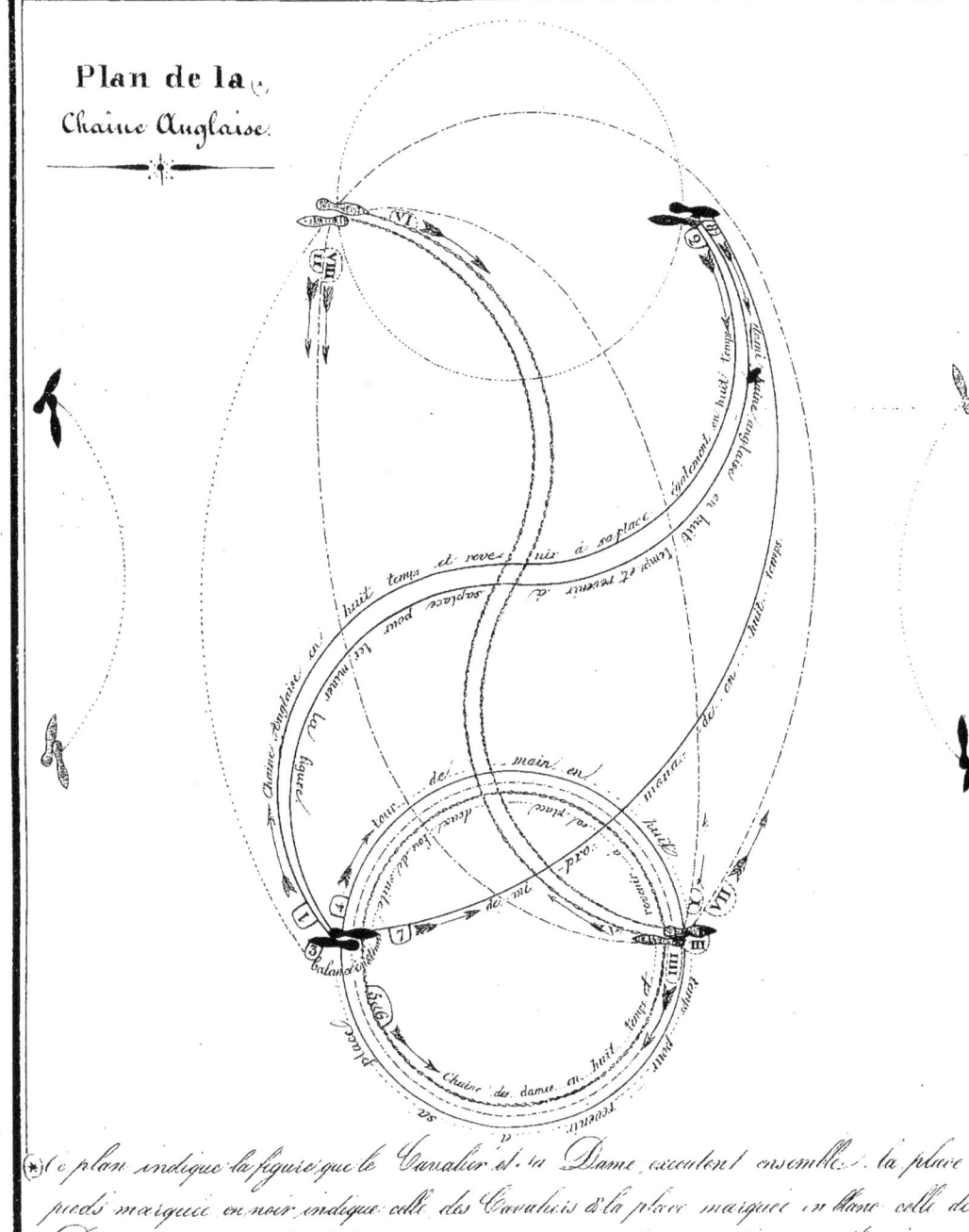

Plan de l'Eté (*)
(en avant deux.)

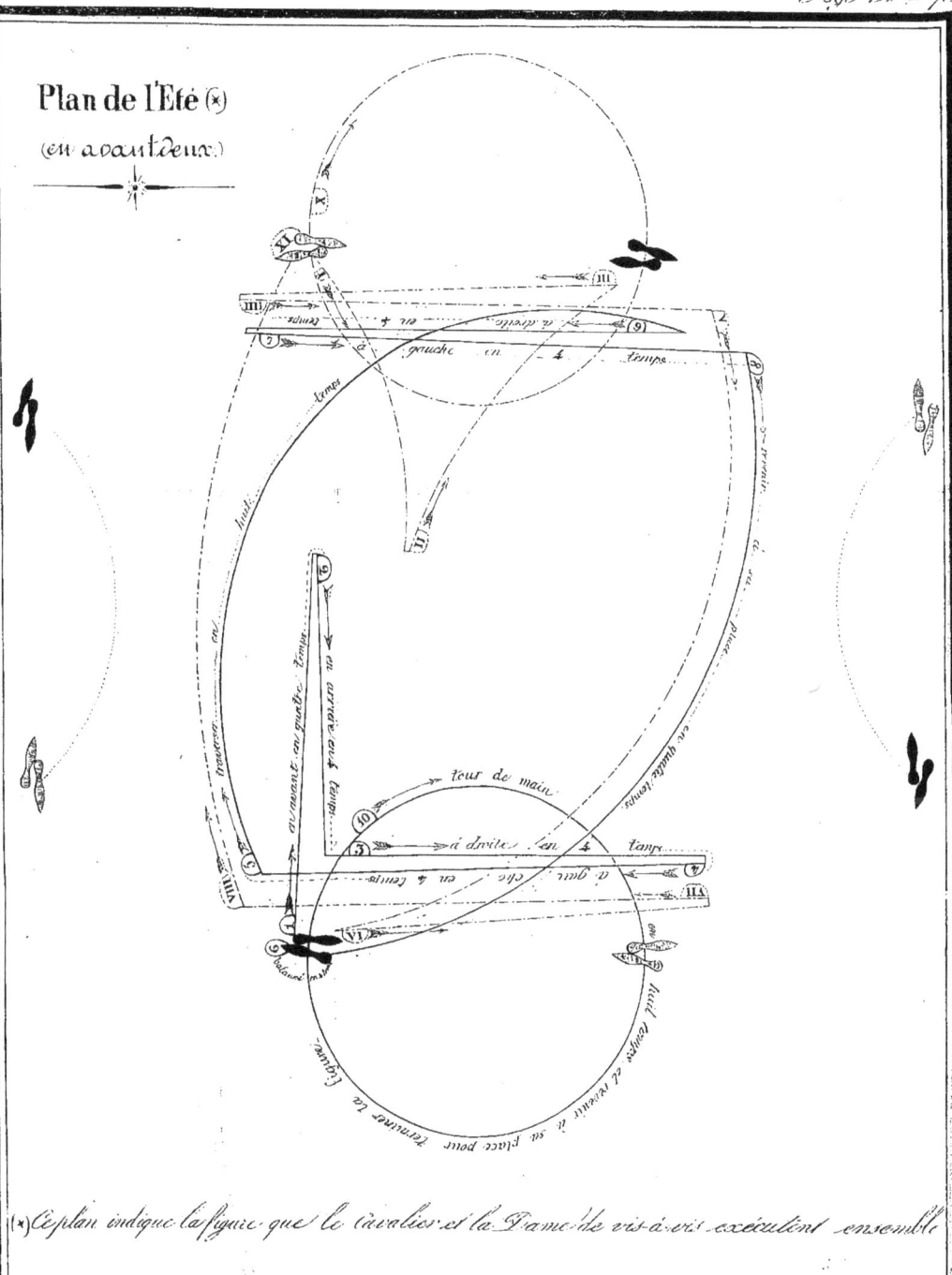

(*) Ce plan indique la figure que le Cavalier et la Dame de vis-à-vis exécutent ensemble.

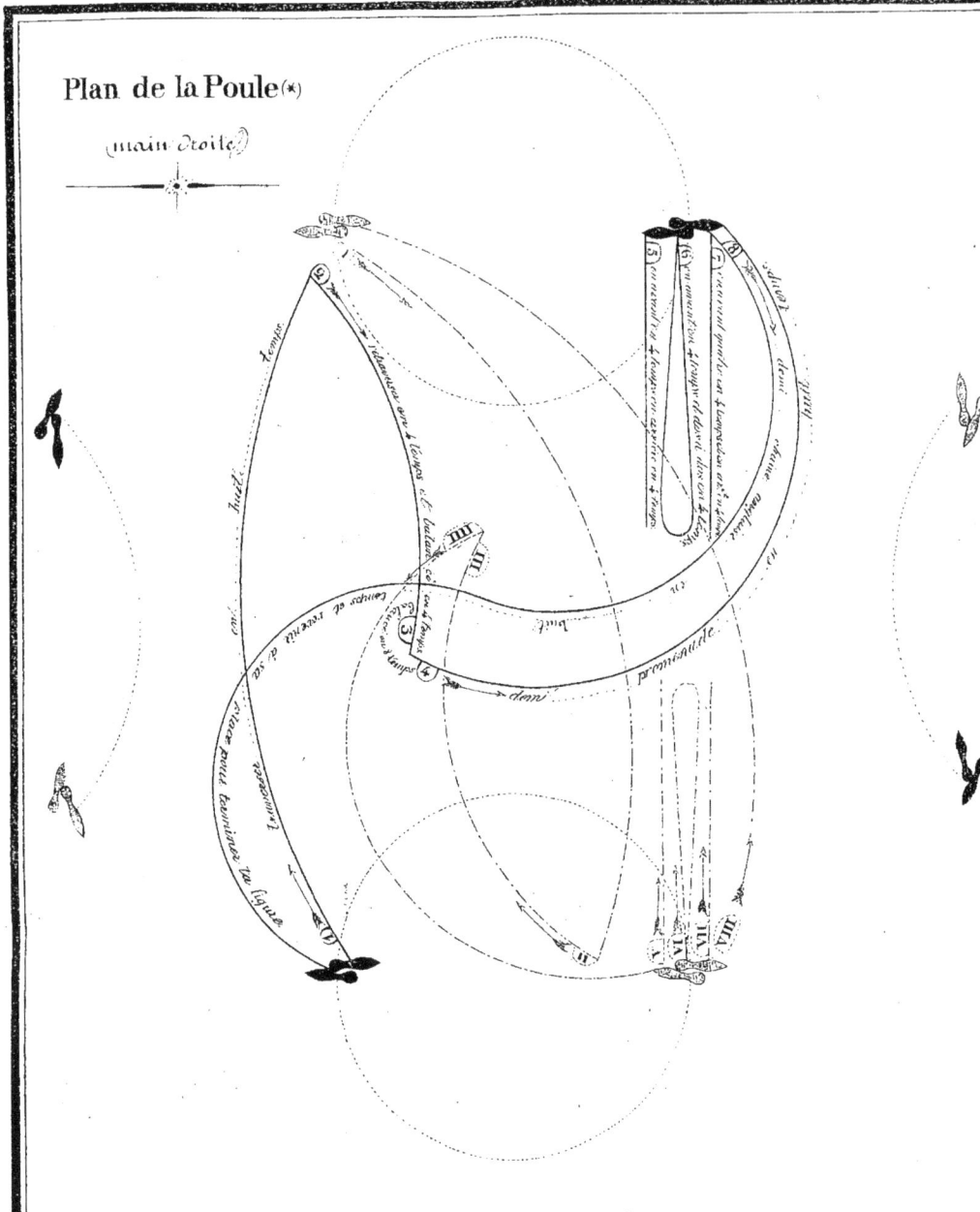

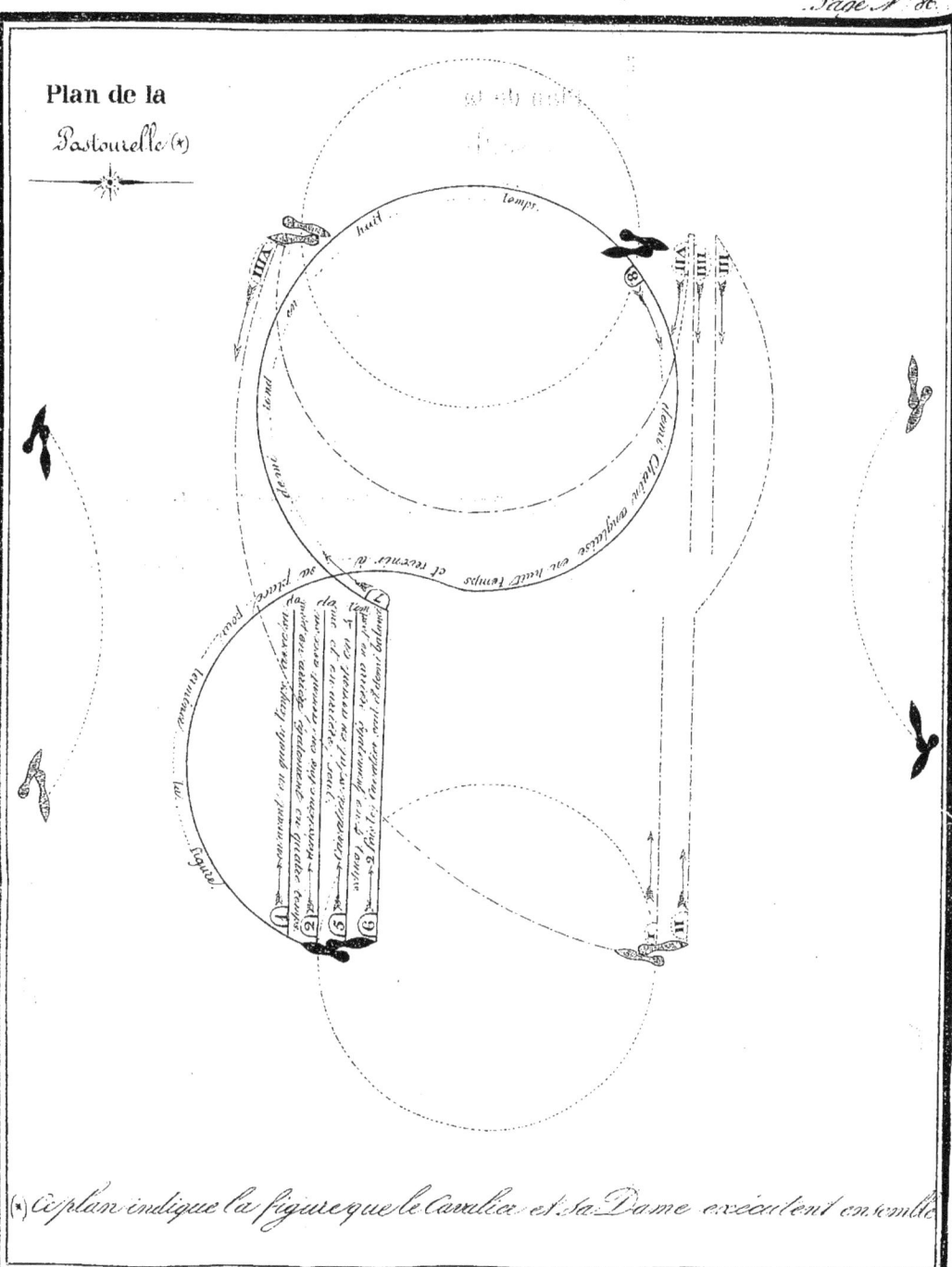

(*) Ce plan indique la figure que le Cavalier et sa Dame exécutent ensemble.

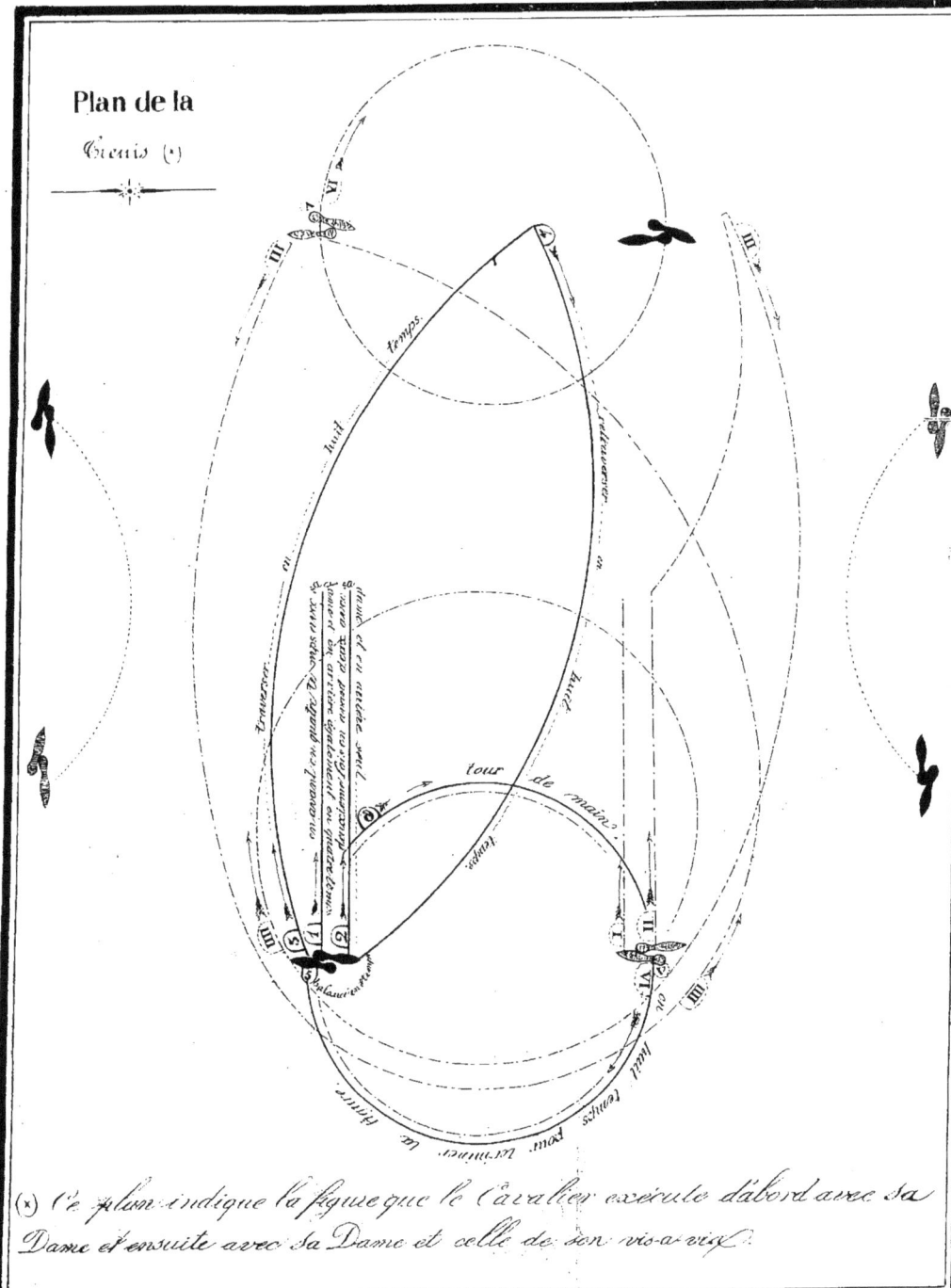

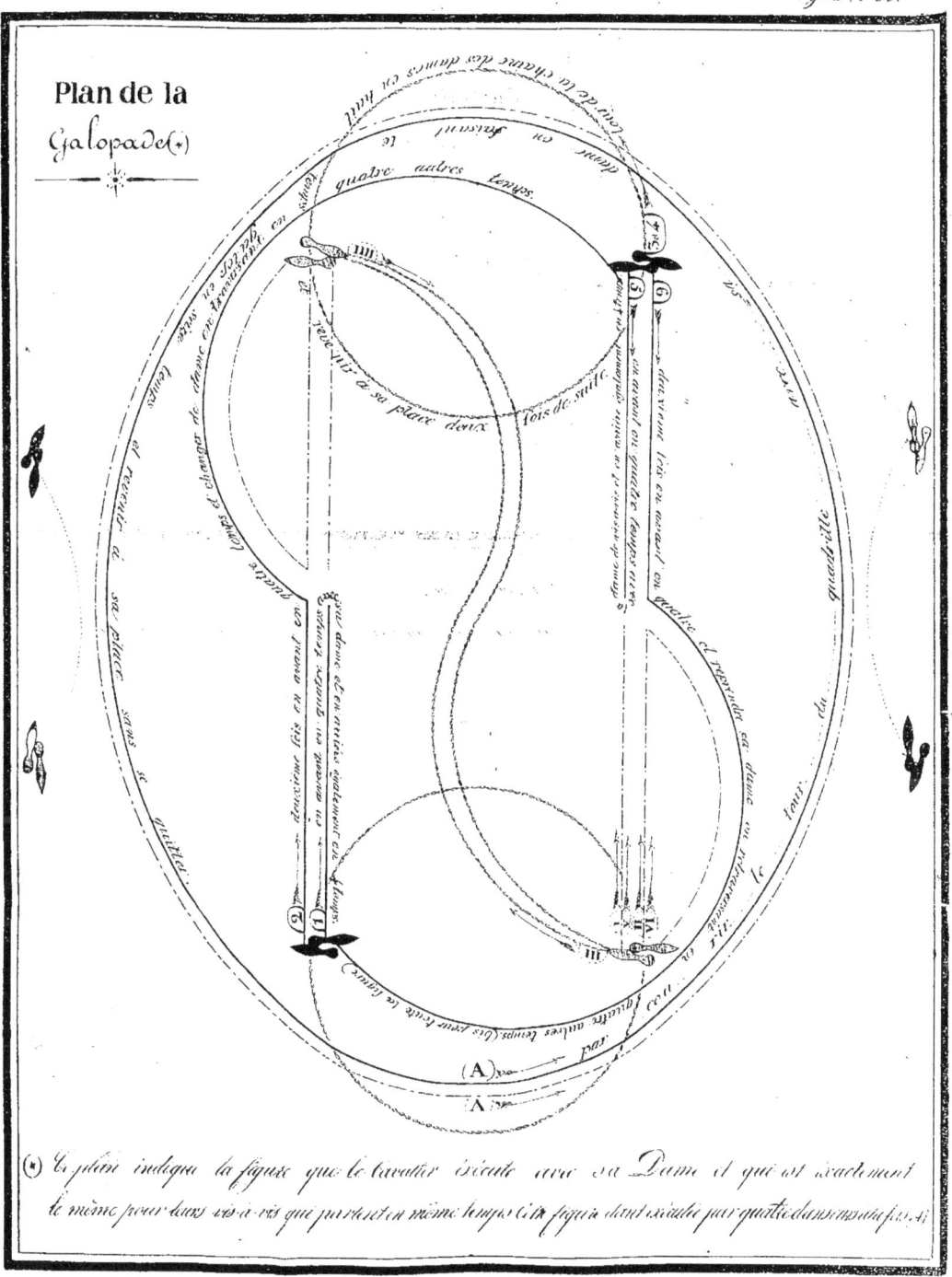

Plan de la Galopade(*)

(*) Ce plan indique la figure que le cavalier exécute avec sa Dame et qui est exactement le même pour deux vis-à-vis qui partent en même temps. Cette figure étant exécutée par quatre danseurs à la fois.

Plan descriptif pour apprendre à cadencer les six temps du pas de la Valse en les divisant trois par trois.

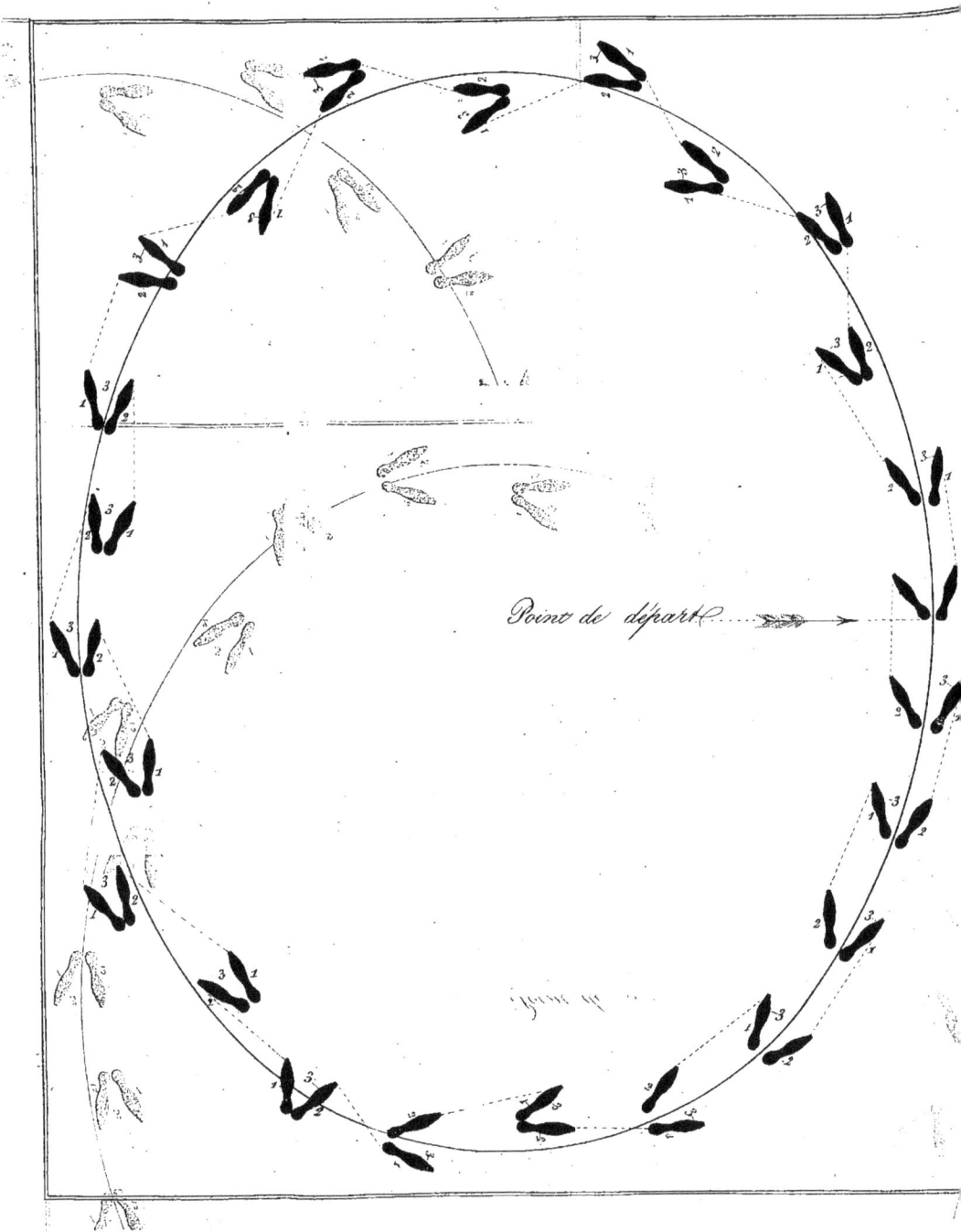

Plan descriptif pour l'exécution des six temps du pas de la Valse pour une seule personne.

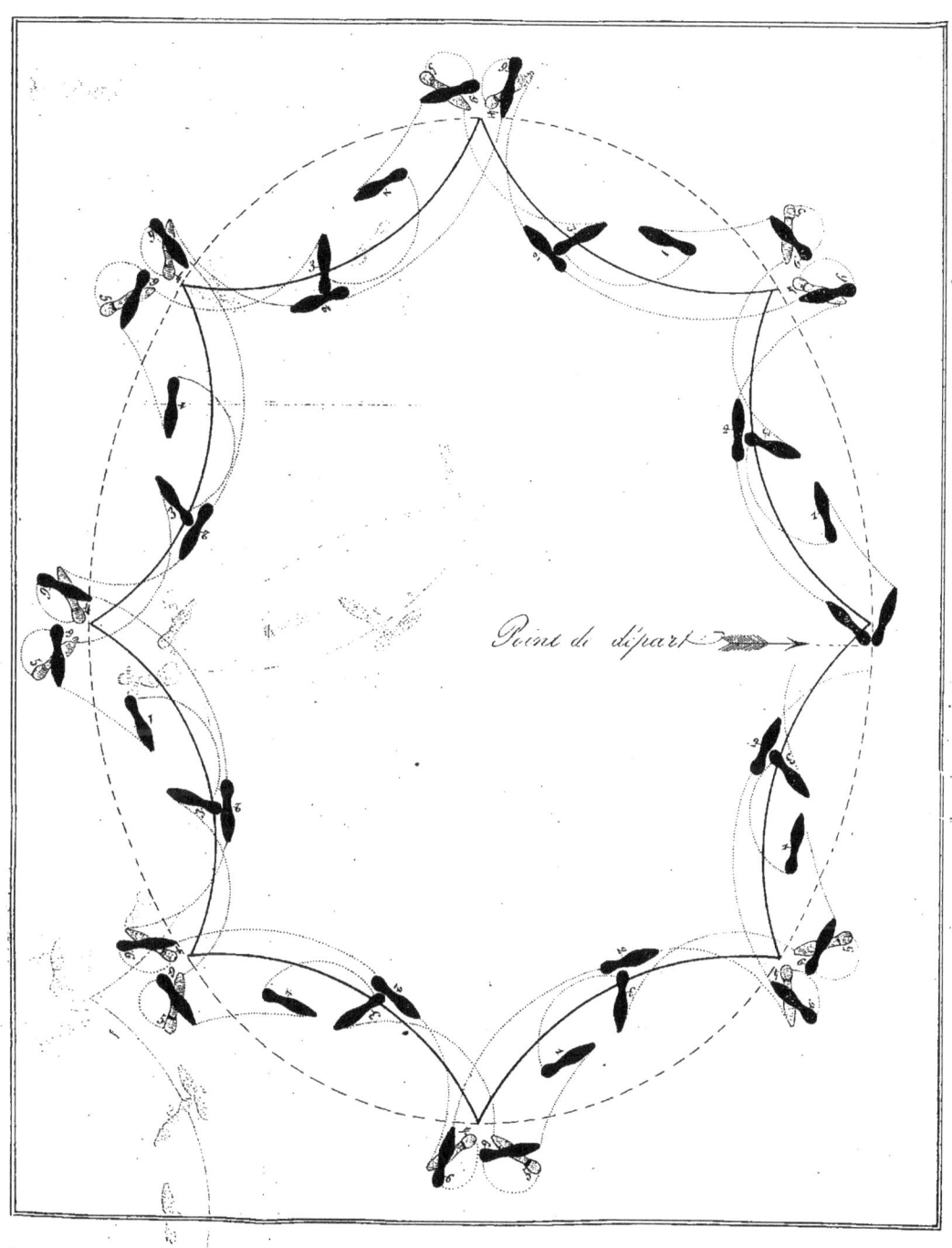

Point de départ

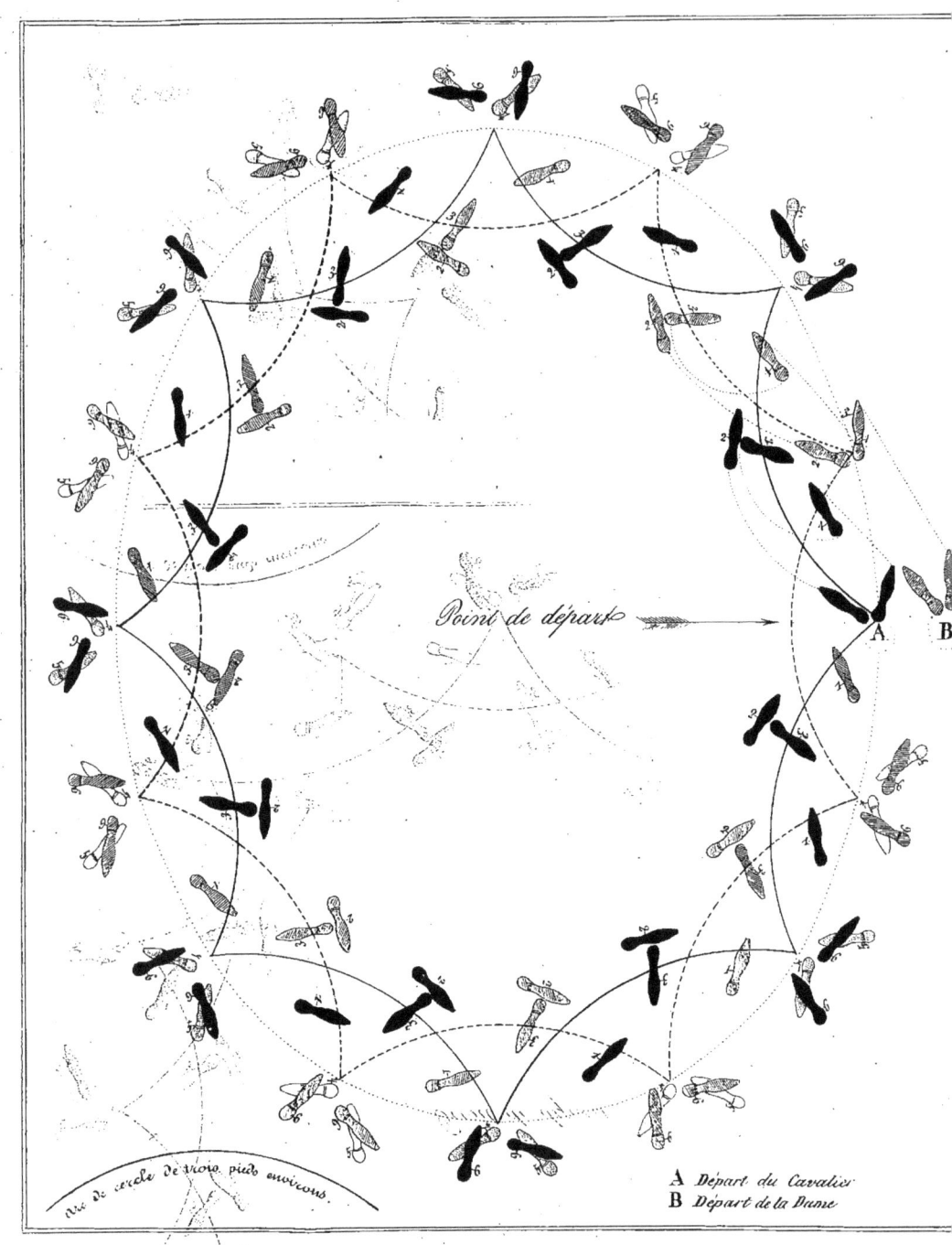

www.ingramcontent.com/pod-product-compliance
Lightning Source LLC
Chambersburg PA
CBHW060149100426
42744CB00007B/959